会计技能业务操作规范V6.1

浙江省会计教育学会　编

立信会计出版社
LIXIN ACCOUNTING PUBLISHING HOUSE

图书在版编目(CIP)数据

会计技能业务操作规范 V6.1 / 浙江省会计教育学会编. —上海：立信会计出版社，2016.7

ISBN 978-7-5429-5075-8

Ⅰ.①会… Ⅱ.①浙… Ⅲ.①会计实务 Ⅳ.①F233

中国版本图书馆 CIP 数据核字(2016)第 166804 号

策划编辑　陈　昕
责任编辑　陈　昕
封面设计　南房间

会计技能业务操作规范 V6.1
Kuaiji Jineng Yewu Caozuo Guifan V6.1

出版发行	立信会计出版社		
地　　址	上海市中山西路 2230 号	邮政编码	200235
电　　话	(021)64411389	传　　真	(021)64411325
网　　址	www.lixinaph.com	电子邮箱	lxaph@sh163.net
网上书店	www.shlx.net	电　　话	(021)64411071
经　　销	各地新华书店		
印　　刷	上海万卷印刷股份有限公司		
开　　本	787 毫米×1 092 毫米	1/16	
印　　张	6	插　　页	1
字　　数	128 千字		
版　　次	2016 年 7 月第 1 版		
印　　次	2016 年 7 月第 1 次		
印　　数	1—3 100		
书　　号	ISBN 978-7-5429-5075-8/F		
定　　价	25.00 元		

编 委 会

前言 *Foreword*

在经济迅速发展的今天，企业对会计从业人员的知识和技能提出了更高要求。全面实施素质教育，坚持以服务为宗旨、以就业为导向、以提高质量为重点，面向市场、面向社会办学已是职业教育教学的重点。

企业需要的应该是动手能力强、综合素质高的复合型会计从业人员。学校若只限于理论，忽略最基本的会计核算技能，将会制约学生的发展。为使学生入职后尽快胜任会计工作，熟练掌握凭证处理、登记账簿等技能，会计技能教学应成为会计实训的重中之重。然而，会计实务和教学中一直存在业务操作规范与标准不统一的问题。

为解决这些问题，建立会计技能信息化评测的标准，浙江省会计教育学会编写了这本《会计技能操作规范 V6.1》。本教材的内容包括期初建账、填制与审核原始凭证、填制与审核记账凭证、登记账簿和编制财务报表五个部分。每个部分配有真实的原始凭证或账表，以最大限度地还原会计业务操作的原貌。在结构编排上，遵循由浅入深的编写思路，方便学生循序渐进地学习，以便全方位地提高他们知识水平、动手能力和职业素养。

本操作规范旨在推动会计技能信息化评测的发展，让会计技能的教学与评测有章可循，有据可依。本规范涉及的业务操作以《中华人民共和国会计法》《会计基础工作规范》《企业会计准则》等法律、规章制度和会计行业操作规范为依据，具有较高的权威性。

浙江省会计教育学会

目录 Contents

1 期初建账

1.1 启 用 账 簿

账簿启用表

单位名称	浙江衡信教育科技有限公司	印花粘贴处 
账簿名称	现金日记账	
账簿编号	001	
启用日期	2016 年 01 月 01 日	
账簿页数	100 页	

经管人员	负责人		主办会计		复核		记账	
	姓名	盖章	姓名	盖章	姓名	盖章	姓名	盖章
	沈霞	沈霞	赵燕	赵燕	赵燕	赵燕	吴静	吴静

接收记录	经管人员		接管				交出			
	职别	姓名	年	月	日	盖章	年	月	日	盖章

备注		印鉴	浙江衡信教育科技有限公司

图 1.1　账簿启用表

1.1.1　填写单位名称

填写的机构名称必须与单位公章上的全称一致，例如“浙江衡信教育科技有限公司”。“浙江衡信”“衡信教育”等简写形式都不正确。

1.1.2 填写账簿名称

账簿名称栏，应填写"×××总账""×××日记账""×××明细账"，如：银行存款总账、现金日记账、应收账款明细账等。

1.1.3 填写册数或编号

账簿册数以阿拉伯数字"1、2、3…"填写，如：第1册、第2册、第3册……

账簿编号以阿拉伯数字按企业编号序列，可以"1""01""001"等起，具体根据业务信息填写。

1.1.4 填写起止页数

起止页数以阿拉伯数字"1、2、3…"填写，如：第1页至第100页。

账簿页数以阿拉伯数字根据业务信息据实填写，如：100页。

1.1.5 填写日期

日期以阿拉伯数字填写，格式为"××××年××月××日"，如：2016年01月01日。

年：2015、2016、2017、2018、2019、2020、2021…

月：01、02、03、04、05、06、07、08、09、10、11、12。

日：01、02、03、04、05、06、07、08、09、10、11、12、13、14、15、16、17、18、19、20、21、22、23、24、25、26、27、28、29、30、31。

1.1.6 加盖名章和单位公章

账簿的各经管人员需在账簿启用表上签名盖章，并加盖单位公章。

1.2 期初建账

1.2.1 选择账页格式

（1）选择三栏式账页的是各种序时账、总分类账以及债权、债务明细账等，如图 1.2.1 和图 1.2.2 所示。

银行存款日记账

2016年		凭证编号	摘要	结算方式		对方科目	收入（借方）										√	支出（贷方）										√	余额										√
月	日			种类	号码		千	百	十	万	千	百	十	元	角	分		千	百	十	万	千	百	十	元	角	分		千	百	十	万	千	百	十	元	角	分	
01	01		上年结转														□											□			8	5	0	0	0	0	0	0	□
																	□											□											□
																	□											□											□

图 1.2.1 银行存款日记账

总　　账

科目 应付账款　　　　编码 2202

2016年		凭证编号	摘要	借方											√	贷方											√	借或贷	余额											√
月	日			亿	千	百	十	万	千	百	十	元	角	分		亿	千	百	十	万	千	百	十	元	角	分			亿	千	百	十	万	千	百	十	元	角	分	
01	01		上年结转																									贷				5	5	0	0	0	0	0	0	

图 1.2.2 应付账款总账

（2）选择多栏式账页的是“管理费用”“主营业务收入”等收入费用类明细账，以及“生产成本”“制造费用”“应交税费——应交增值税”“本年利润”等明细账，如图 1.2.3 所示。

生产成本明细账

投产日期：　　计划工时：

完工日期：　　实际工时：

完成产量：　　数量：　　产品规格：

科目名称：基本生产成本　首次　　总页

生产批号：A2016001

生产车间：A车间

产品名称：A产品

2016年 月	日	凭证号数	摘要	借方发生额（亿千百十万千百十元角分）	成本项目 直接材料（千百十万千百十元角分）	直接工资（千百十万千百十元角分）	制造费用（千百十万千百十元角分）	（千百十万千百十元角分）	（千百十万千百十元角分）
01	01		上年结转	1028000	600000	228000	300000		

图 1.2.3　生产成本明细账

（3）选择数量金额式账页的是“原材料”“库存商品”等账户的明细账，如图 1.2.4 所示。

原材料 明细账

类别：A产品材料　　总页 1 页 分页 1 页

名称：A001材料　　存放地点：A仓库　　最高储量：

编号：001　规格：　　计量单位：千克　　最低储量：

2016年 月	日	凭证编号	摘要	收入 数量	单价	金额（千百十万千百十元角分）	发出 数量	单价	金额（千百十万千百十元角分）	结存 数量	单价	金额（千百十万千百十元角分）	稽核
01	01		上年结转							500	5.00	250000	

图 1.2.4　原材料明细账

1.2.2　开设账户

账户有资产类账户、负债类账户、所有者权益类账户、成本类账户和损益类账户等，根据业务要求据实开设。

1.2.3　登记期初余额

日期栏以阿拉伯数字填写“××××年××月××日”，如：2016 年 01 月 01 日。

摘要栏在年初建账时填写“上年结转”，在非年初建账时填写“期初余额”。

三栏式账页需完成余额栏内的期初金额填写，金额栏前有“借或贷”栏的，填写“借”或“贷”，并在“余额”栏内填写相应的金额，金额需一律写到角分，无角分的，角位和分位写“00”；多栏式账页需完成借方或贷方及相应多栏项目的数据填写；数量金额式账页需完成结存栏数量、单价、金额的期初数据填写。

2 填制与审核原始凭证

2.1 填制增值税专用发票

2.1.1 填写开票日期

开票日期以阿拉伯数字填写,格式为"××××年××月××日",如:2016 年 01 月 15 日。

2.1.2 填写购货单位与销货单位信息

填写购货单位和销货单位的"名称""纳税人识别号""地址、电话""开户行及账号"等基础信息,信息内容应与税务登记证的登记一致,不得随意改动。

2.1.3 填写货物与劳务名称、数量、单价、金额、税额等信息

货物与劳务名称、规格型号、单位,严格按照给定信息填写;数量按照阿拉伯数字填列,如"1、2、3…";单价、金额、税额按照货币金额填列,写到角分,无角分的,角位和分位写"00",例如单价"100"元填写为"100.00"元,单价"109.5"元填写为"109.50"元。

2.1.4 填写价税合计大小写金额

价税合计小写金额以阿拉伯数字按货币书写要求填写。小写金额前应填写货币币种符号"¥",且币种符号与阿拉伯数字之间不留空白;阿拉伯数字前写有币种符号的,数字后面不写货币单位。金额写到角分,无角分的,角位和分位写"00"。如人民币 15 万元,写为"¥150 000.00"。

价税合计大写的数字金额使用“零、壹、贰、叁、肆、伍、陆、柒、捌、玖、拾、佰、仟、万、亿”等字，用正楷或者行书体书写，不用〇、一、二、三、四等简化大写数字代替，不任意自造简化字。大写金额数字到元或者角为止的，在元或者角之后写“整”字或者“正”字；大写金额数字有分的，“分”字后面不写“整”字或者“正”字。

阿拉伯金额数字中间有“0”时，汉字大写金额要写“零”字；阿拉伯金额数字中间连续有几个“0”时，汉字大写金额中可以只写一个“零”字；阿拉伯金额数字元位是“0”，或者数字中间连续有几个“0”、元位也是“0”但角位不是“0”时，汉字大写金额可以只写一个“零”字，也可以不写“零”字。汉字大写数字金额前，应用“⊗”符号封顶。

增值税专用发票的价税合计大写中的金额元位单位，使用汉字“圆”，不使用“元”。如价税合计“￥10 010.00”的大写为“⊗壹万零壹拾圆整”。

2.1.5 签名与盖章

开票人必须签名或加盖个人名章；收款人及复核等其他人员信息，根据业务要求据实填写。

完成增值税专用发票的开具后，相应联次需加盖销货单位的发票专用章，其中记账联不盖章，如图 2.1.1 所示；抵扣联、发票联须加盖发票专用章，如图 2.1.2 和图 2.1.3 所示。

3300151140 浙江增值税专用发票 NO 12895111

3300151140
12895111

记账联

开票日期：2016年01月15日

购买方	名　　称：财刀网股份有限公司 纳税人识别号：330116520011060 地址、电话：江边市滨盛路7号　56653637 开户行及账号：中国工商银行江边支行　1202022709060777659			密码区	67/*+3*0/611*++0/+0*/*+3+2/9 *11*+66666**066611*+66666* 1**+216***6000*261*2*4/*547 203994+-42*64151*6915361/3*		
货物或应税劳务、服务名称	规格型号	单位	数量	单价	金额	税率	税额
实训软件	V1.0	套	1	1 282 051.28	1 282 051.28	17%	217 948.72
合　计					￥1 282 051.28		￥217 948.72
价税合计(大写)	⊗壹佰伍拾万圆整				(小写) ￥1 500 000.00		
销售方	名　　称：浙江衡信教育科技有限公司 纳税人识别号：330195101330909 地址、电话：杭州市滨江区南环路3738号　77887799 开户行及账号：中国工商银行南环路支行　1202020701010330909			备注			

收款人：　　复核：　　开票人：舒文　　销售方：章

国税函(2015) 257 号浙江印钞厂

第一联：记账联　销售方记账凭证

图 2.1.1　增值税专用发票(记账联)

3300151140 浙江增值税专用发票 NO 12895111

3300151140
12895111

抵扣联

开票日期：2016年01月15日

购买方	名　　称：财刀网股份有限公司 纳税人识别号：330116520011060 地址、电话：江边市滨盛路7号　56653637 开户行及账号：中国工商银行江边支行　1202022709060777659			密码区	67/*+3*0/611*++0/+0*/*+3+2/9 *11*+66666**066611*+66666* 1**+216***6000*261*2*4/*547 203994+-42*64151*6915361/3*		
货物或应税劳务、服务名称	规格型号	单位	数量	单价	金额	税率	税额
实训软件	V1.0	套	1	1 282 051.28	1 282 051.28	17%	217 948.72
合　计					￥1 282 051.28		￥217 948.72
价税合计(大写)	⊗壹佰伍拾万圆整				(小写) ￥1 500 000.00		
销售方	名　　称：浙江衡信教育科技有限公司 纳税人识别号：330195101330909 地址、电话：杭州市滨江区南环路3738号　77887799 开户行及账号：中国工商银行南环路支行　1202020701010330909			备注			

浙江衡信教育科技有限公司
330195101330909
发票专用章

收款人：　　复核：　　开票人：舒文　　销售方：章

国税函(2015) 257 号浙江印钞厂

第二联：抵扣联　购买方抵扣凭证

图 2.1.2　增值税专用发票(抵扣联)

3300151140　　**浙江增值税专用发票**　　NO 12895111　　3300151140 12895111

发票联

开票日期：2016年01月15日

购买方	名　　称：财刀网股份有限公司 纳税人识别号：330116520011060 地址、电话：江边市滨盛路7号　56653637 开户行及账号：中国工商银行江边支行　1202022709060777659	密码区	67/*+3*0/611*++0/+0*/*+3+2/9 *11*+66666**066611*+66666* 1**+216***6000*261*2*4/*547 203994+-42*64151*6915361/3*

货物或应税劳务、服务名称	规格型号	单位	数量	单价	金额	税率	税额
实训软件	V1.0	套	1	1 282 051.28	1 282 051.28	17%	217 948.72
合　计					¥1 282 051.28		¥217 948.72
价税合计(大写)	⊗壹佰伍拾万圆整				（小写）¥1 500 000.00		

销售方	名　　称：浙江衡信教育科技有限公司 纳税人识别号：330195101330909 地址、电话：杭州市滨江区南环路3738号　77887799 开户行及账号：中国工商银行南环路支行　1202020701010330909	备注	

收款人：　　复核：　　开票人：舒文　　销售方：章

国税函(2015)257号浙江印钞厂

第三联：发票联　购买方记账凭证

（印章：全国统一发票监制章　浙江　国家税务总局监制）

（印章：浙江衡信教育科技有限公司　330195101330909　发票专用章）

图 2.1.3　增值税专用发票(发票联)

2.2　填制增值税普通发票

2.2.1　填写开票日期

开票日期以阿拉伯数字填写，格式为“××××年××月××日”，如：2016 年 02 月 20 日。

2.2.2　填写购货单位与销货单位信息

填写购货单位和销货单位的“名称”“纳税人识别号”“地址、电话”“开户行及账号"等基础信息，所填的信息内容应与税务登记证的登记一致，不得随意改动。

2.2.3 填写货物与劳务名称、数量、单价、金额等信息

货物与劳务名称、规格型号、单位，严格按照给定信息填写；数量按照阿拉伯数字填列，如"1、2、3…"；单价、金额、税额按照货币金额填列，一律写到角分，无角分的，角位和分位写"00"，例如单价"50.5"元，写为单价"50.50"元。

2.2.4 填写合计大小写金额

价税合计小写金额以阿拉伯数字按货币书写要求填写，小写金额前面应填写货币币种符号"￥"，且币种符号与阿拉伯数字之间不留空白，阿拉伯数字前写有币种符号的，数字后面不写货币单位。金额写到角分，无角分的，角位和分位写"00"。如人民币 20 万元，写为"￥200 000.00"。

价税合计大写的数字金额使用"零、壹、贰、叁、肆、伍、陆、柒、捌、玖、拾、佰、仟、万、亿"等字，一律用正楷或者行书体书写，不用〇、一、二、三、四等简化大写数字代替，不任意自造简化字。大写金额数字到元或者角为止的，在元或者角之后写"整"字或者"正"字；大写金额数字有分的，"分"字后面不写"整"字或者"正"字。

阿拉伯金额数字中间有"0"时，汉字大写金额要写"零"字；阿拉伯金额数字中间连续有几个"0"时，汉字大写金额中可以只写一个"零"字；阿拉伯金额数字元位是"0"，或者数字中间连续有几个"0"、元位也是"0"但角位不是"0"时，汉字大写金额可以只写一个"零"字，也可以不写"零"字。汉字大写数字金额前，应用"⊗"符号封顶。

增值税普通发票的价税合计大写中的金额元位单位，使用汉字"圆"，不使用"元"。如价税合计"￥55 050.55"的大写为"⊗伍万伍仟零伍拾圆伍角伍分"。

2.2.5 签名与盖章

开票人必须签名或加盖个人名章。收款人及复核等其他人员信息，根据业务要求据实填写。

完成增值税普通发票的开具后，相应联次需加盖销货单位的发票专用章。记账联不盖章，如图 2.2.1 所示；发票联须加盖发票专用章，如图 2.2.2 所示。

3300151140 浙江增值税普通发票 NO 00116775 3300151140 00116775

全国统一发票监制章 浙江 国家税务总局监制

记账联

开票日期：2016年02月20日

国税函（2015）257号浙江印钞厂

购买方	名　　称：财刀网股份有限公司 纳税人识别号：330116520011060 地址、电话：江边市滨盛路7号　56653637 开户行及账号：中国工商银行江边支行　1202022709060777659	密码区	67/*+3*0/611*++0/+0*/*+3+2/9 *11*+66666**066611*+66666* 1**+216***6000*261*2*4/*547 203994+-42*64151*6915361/3*

货物或应税劳务、服务名称	规格型号	单位	数量	单价	金额	税率	税额
广告费		次	1	188 679.25	188 679.25	6%	11 320.75
合　计					¥188 679.25		¥11 320.75
价税合计(大写)	⊗贰拾万圆整				（小写）¥200 000.00		

销售方	名　　称：浙江衡信教育科技有限公司 纳税人识别号：330195101330909 地址、电话：杭州市滨江区南环路3738号　77887799 开户行及账号：中国工商银行南环路支行　1202020701010330909	备注	

收款人：　　复核：　　开票人：方华　　销售方：章

第一联：记账联　销售方记账凭证

图 2.2.1　增值税普通发票(记账联)

3300151140　　浙江增值税普通发票　　NO 00116775　　3300151140 00116775

发票联

开票日期：2016年02月20日

购买方	名　　称：财刀网股份有限公司 纳税人识别号：330116520011060 地址、电话：江边市滨盛路7号　56653637 开户行及账号：中国工商银行江边支行　1202022709060777659	密码区	67/*+3*0/611*++0/+0*/*+3+2/9 *11*+66666**066611*+66666* 1**+216***6000*261*2*4/*547 203994+-42*64151*6915361/3*

货物或应税劳务、服务名称	规格型号	单位	数量	单价	金额	税率	税额
广告费		次	1	188 679.25	188 679.25	6%	11 320.75
合　计					￥188 679.25		￥11 320.75
价税合计(大写)	⊗贰拾万圆整				(小写)　￥200 000.00		

销售方	名　　称：浙江衡信教育科技有限公司 纳税人识别号：330195101330909 地址、电话：杭州市滨江区南环路3738号　77887799 开户行及账号：中国工商银行南环路支行　1202020701010330909	备注	

收款人：　　复核：　　开票人：方华　　销售方：章

国税函（2015）257号浙江印钞厂

第二联：发票联　购买方记账凭证

（印章：全国统一发票监制章 国家税务总局监制 浙江；浙江衡信教育科技有限公司 330195101330909 发票专用章）

图 2.2.2　增值税普通发票(发票联)

2.3　填制收款收据

收款收据的格式如图 2.3 所示。

收款收据　　No 0003319

2016年 02 月 05 日

今收到	许珊珊购买报废边角料的现金货款150元。
金额(大写)	⊗ 佰 ⊗ 拾 ⊗ 万 ⊗ 仟 壹 佰 伍 拾 零 元 零 角 零 分
￥150.00	（单位盖章）

核准　　会计　　记账　　出纳 吴静　　经手人 吴静

存根（白）　客户（紫）

（印章：浙江衡信教育科技有限公司）

图 2.3　收款收据

2.3.1 填写收据的开具日期

收据的开具日期以阿拉伯数字填写，格式为“××××年××月××日”，如：2016 年 02 月 05 日。

2.3.2 填写收款事项及收款内容等

收款事项及收款内容按照给定的业务信息，用简洁、明了、概括的文字在收据的具体内容栏上填写。

2.3.3 填写收款大小写金额

小写金额以阿拉伯数字按货币书写要求填写，小写金额前面应当填写货币币种符号“￥”，且币种符号与阿拉伯数字之间不留空白，阿拉伯数字前写有币种符号的，数字后面不写货币单位。金额一律写到角分，无角分的，角位和分位写“00”。如人民币 150 元，写为“￥150.00”。

大写的数字金额使用“零、壹、贰、叁、肆、伍、陆、柒、捌、玖、拾、佰、仟、万、亿”等字，用正楷或者行书体书写，不用〇、一、二、三、四等简化大写数字代替，不任意自造简化字。大写金额数字到元或者角为止的，在元或者角之后写“整”字或者“正”字；大写金额数字有分的，“分”字后面不写“整”字或者“正”字。

阿拉伯金额数字中间有“0”时，汉字大写金额要写“零”字；阿拉伯金额数字中间连续有几个“0”时，汉字大写金额中可以只写一个“零”字；阿拉伯金额数字元位是“0”，或者数字中间连续有几个“0”、元位也是“0”但角位不是“0”时，汉字大写金额可以只写一个“零”字，也可以不写“零”字。汉字大写数字金额前，应用“⊗”符号封顶。

在收款收据票面已印制“佰、拾、万、仟、佰、拾、元、角、分” 等金额单位的，各金额单位相应的空格都要使用大写数字金额完成填写，金额起填的前几位，可填写“零”，也可直接填写“⊗”符号。

2.3.4 签名与盖章

收据的填写人必须签名或加盖个人名章。核准、会计、记账、出纳等其他人员信息，根据业务要求据实填写。

完成收据的填写后，单位公章或其他印章根据业务要求加盖。收据的存根联不盖章，客户联须盖章。

2.4 签发支票

2.4.1 填写出票日期

(1) 存根联出票日期小写用阿拉伯数字填写，格式为“××××年××月××日”，如：2016 年 01 月 08 日。

(2) 正联出票日期大写用“零、壹、贰、叁、肆、伍、陆、柒、捌、玖、拾”等汉字大写数字金额填写，如“贰零壹陆年零壹月零捌日”。

年：贰零壹伍年、贰零壹陆年、贰零壹柒年、贰零壹捌年、贰零壹玖年、贰零贰零年……

月：零壹月、零贰月、零叁月、零肆月、零伍月、零陆月、零柒月、零捌月、零玖月、零壹拾月、壹拾壹月、壹拾贰月。

日：零壹日、零贰日、零叁日、零肆日、零伍日、零陆日、零柒日、零捌日、零玖日、零壹拾日、壹拾壹日、壹拾贰日、壹拾叁日、壹拾肆日、壹拾伍日、壹拾陆日、壹拾柒日、壹拾捌日、壹拾玖日、零贰拾日、贰拾壹日、贰拾贰日、贰拾叁日、贰拾肆日、贰拾伍日、贰拾陆日、贰拾柒日、贰拾捌日、贰拾玖日、零叁拾日、叁拾壹日。

2.4.2 填写收款人

收款人可以是个人，也可以是法人。个人要按身份证上的信息填写，法人按照税务登记证上的信息填列。

2.4.3 填写付款银行及账号

付款银行按照付款银行税务登记证上登记的信息填列，账号按照银行给定的全号以阿拉伯数字填列。

2.4.4 填写出票金额大小写

小写金额以阿拉伯数字按货币书写要求填写，小写金额前面应填写货币币种符号“¥”，且币种符号与阿拉伯数字之间不留空白。阿拉伯数字前写有币种符号的，数字后面不写货币单位。金额一律写到角分，无角分的，角位和分位写“00”。如人民币 3 000 元，写为“¥3 000.00”。

大写的数字金额使用“零、壹、贰、叁、肆、伍、陆、柒、捌、玖、拾、佰、仟、万、亿”等字，用正楷或者行书体书写，不用〇、一、二、三、四等简化大写数字代替，不任意自造简化字。大写金额数字到元或者角为止的，在元或者角之后写“整”字或者“正”字；大写金额数字有分的，“分”字后面不写“整”字或者“正”字。

阿拉伯金额数字中间有“0”时，汉字大写金额要写“零”字；阿拉伯金额数字中间连续有几个“0”时，汉字大写金额中可以只写一个“零”字；阿拉伯金额数字元位是“0”，或者数字中间连续有几个“0”、元位也是“0”但角位不是“0”时，汉字大写金额可以只写一个“零”字，也可以不写“零”字。如“¥3 000.00”的大写为“叁仟元整”。

2.4.5 填写支票用途

支票用途填写支票使用的目的，根据业务信息填写，表达清晰，言简意赅。

2.4.6 出票人盖章

出票人在票面指定位置加盖财务专用章及法人名章。

2.4.7 收款人签字盖章

（1）现金支票收款人为个人，现金支票背面不盖任何章，收款人在现金支票背面签字，填上身份证号码和发证机关名称，填写收款日期，如图 2.4.1 所示。

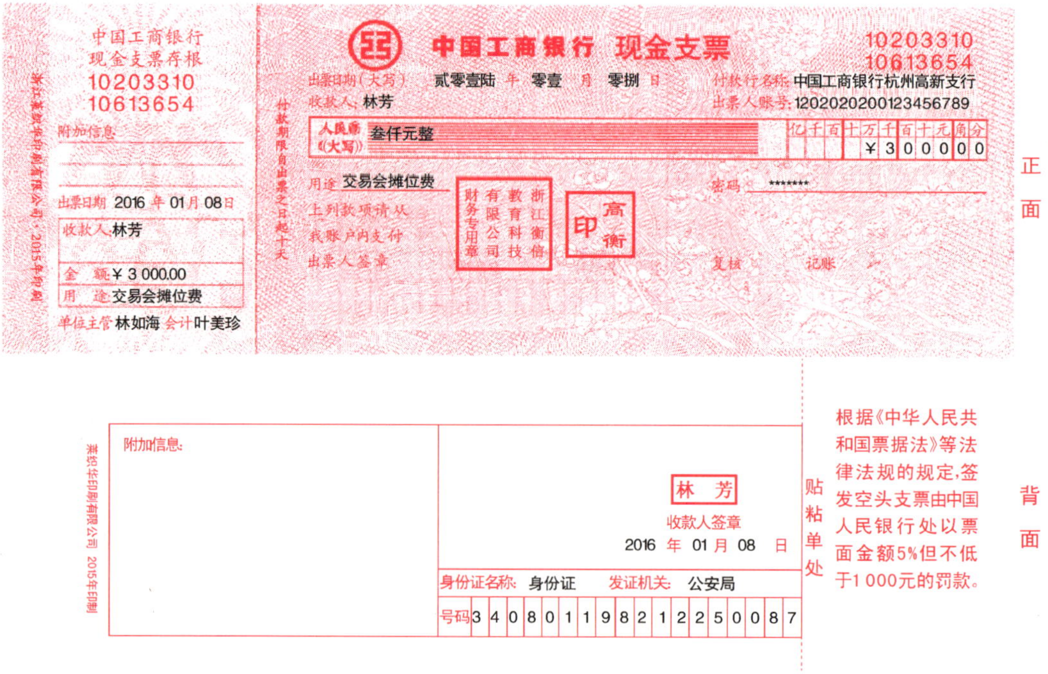

图 2.4.1 现金支票（收款人为个人）

(2) 现金支票收款人为单位法人，现金支票背面“被背书人”栏内，需加盖该单位的财务专用章和法人名章，填写收款日期，如图 2.4.2 所示。

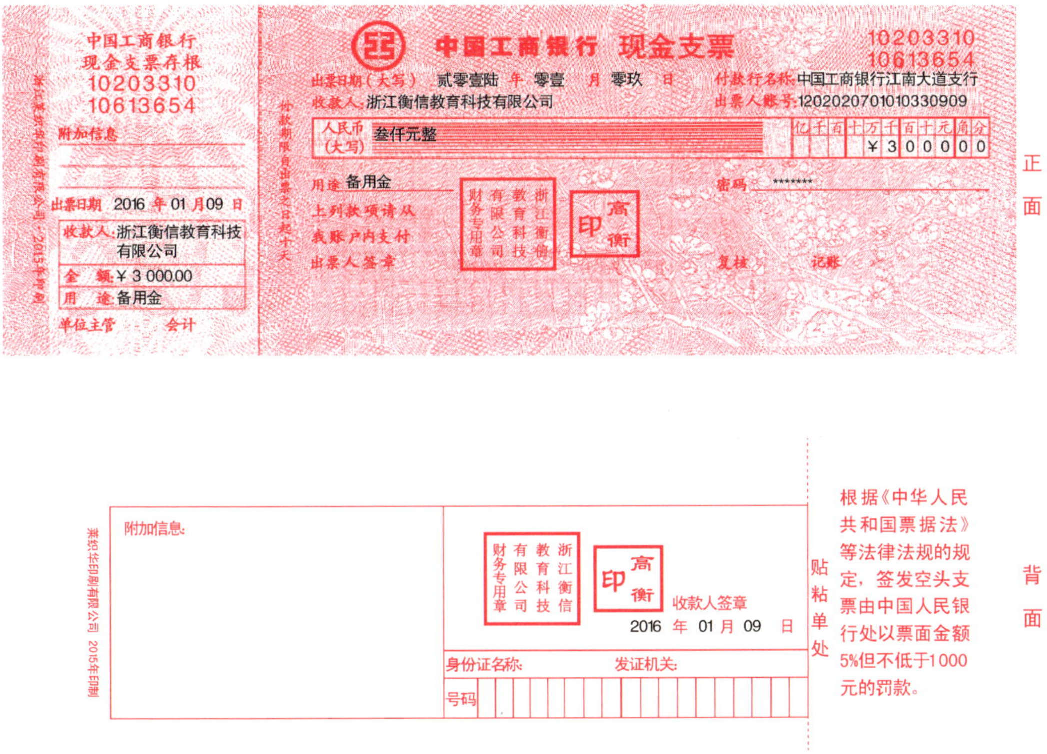

图 2.4.2 现金支票(收款人为单位法人)

(3) 转账支票收款人为单位法人或个人。转账支票背面，开具方不盖章，由收款人收取款项时在相应位置加盖财务专用章和法人名章，如图 2.4.3所示。

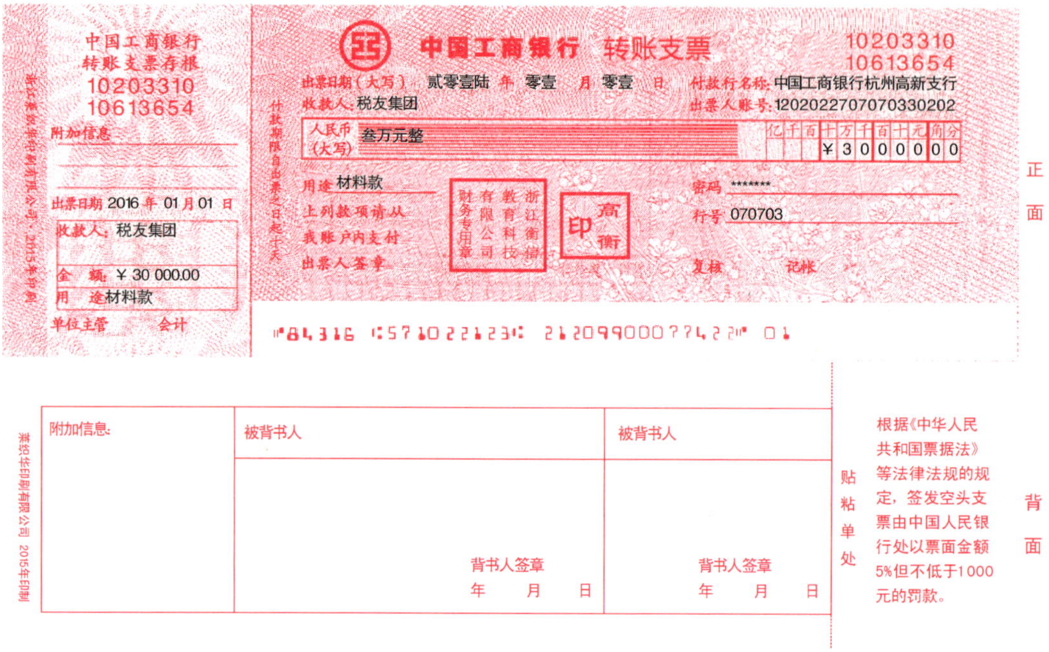

图 2.4.3 转账支票

2.4.8 票据密码等其他信息

密码等其他信息根据业务要求据实填写。

2.5 填制银行进账单

2.5.1 填写进账日期

进账日期以阿拉伯数字填写办理进账当天的日期，格式为“××××年××月××日”，如：2016 年 01 月 06 日。

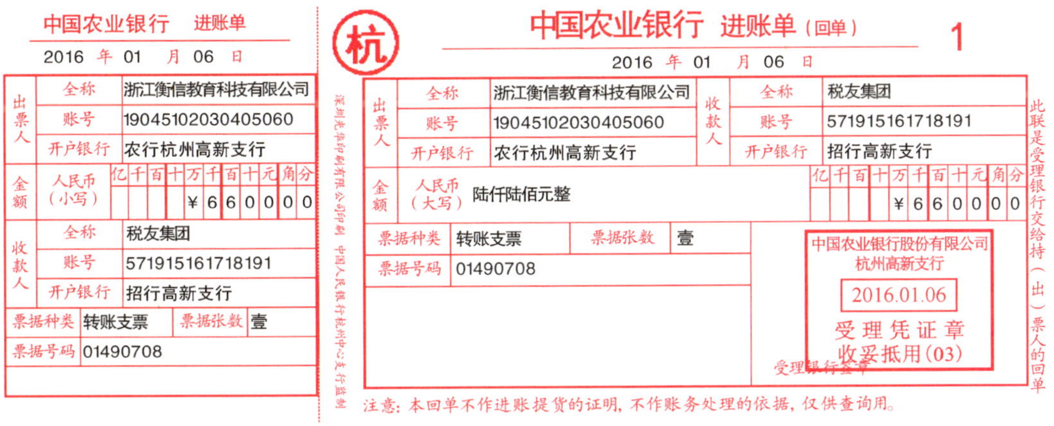

中国农业银行 进账单

2016 年 01 月 06 日

出票人	全称	浙江衡信教育科技有限公司	
	账号	19045102030405060	
	开户银行	农行杭州高新支行	
金额	人民币（小写）	¥660000	
收款人	全称	税友集团	
	账号	571915161718191	
	开户银行	招行高新支行	
票据种类	转账支票	票据张数	壹
票据号码	01490708		

中国农业银行 进账单（回单） 1

2016 年 01 月 06 日

出票人	全称	浙江衡信教育科技有限公司	收款人	全称	税友集团
	账号	19045102030405060		账号	571915161718191
	开户银行	农行杭州高新支行		开户银行	招行高新支行
金额	人民币（大写）	陆仟陆佰元整			¥660000
票据种类	转账支票	票据张数	壹		
票据号码	01490708				

中国农业银行股份有限公司 杭州高新支行 2016.01.06 受理凭证章 收妥抵用(03)

受理银行签章

此联是受理银行交给持（出）票人的回单

注意：本回单不作进账提货的证明，不作账务处理的依据，仅供查询用。

图 2.5 银行进账单

2.5.2 填写出票人与收款人信息

出票人与收款人可以是个人，也可以是法人。个人按身份证上的信息填写，法人按税务登记证上面的信息填列。

2.5.3 填写进账金额大小写

小写金额以阿拉伯数字按货币书写要求填写，小写金额前面应填写货币币种符号“¥”，且币种符号与阿拉伯数字之间不留空白，阿拉伯数字前写有币种符号的，数字后面不写货币单位。金额一律写到角分，无角分的，角位和分位写“00”。如人民币 6 600 元，应写为“¥6 600.00”。

大写的数字金额使用“零、壹、贰、叁、肆、伍、陆、柒、捌、玖、拾、佰、仟、万、亿”等字，用正楷或者行书体书写，不用〇、一、二、三、四等简化大写数字代替，不任意自造简化字。大写金额数字到元或者角为止的，在元或者角之后写“整”字或者“正”字；大写金额数字有分的，“分”字后面不写“整”字或者“正”字。

阿拉伯金额数字中间有“0”时，汉字大写金额要写“零”字；阿拉伯金额数字中间连续有几个“0”时，汉字大写金额中可以只写一个“零”字；阿拉伯金额数字元位是“0”，或者数字中间连续有几个“0”、元位也是“0”但角位不是“0”时，汉字大写金额可以只写一个“零”字，也可以不写“零”字。如“¥6 600.00”的大写为“陆仟陆佰元整”。

2.5.4　填写进账票据种类、张数和号码

根据业务信息，按照实际票据种类填写，如银行汇票、转账支票等；票据张数用大写数字表示，如张数为1，填写“壹”；票据号码根据给定业务，以阿拉伯数字填写。

2.5.5　盖章等其他信息

盖章等其他信息，根据业务要求据实填写。

2.6　填制收料单

收料单的格式如图2.6所示。

收　料　单

发票号码：85210111　　2016 年 01 月 22 日　　编号：12

供应单位：财刀物料公司　　收料仓库：A仓库

材料类别：原材料

材料/编号	物料名称	规格型号	单位	数量		实际成本				
				应收	实收	买价		运杂费	其他	合计
						单价	金额			
001	A材料		千克	800	800	5.00	4 000.00			4 000.00
合计										¥4 000.00

第一联　存根

采购员：陈琦　　检验员：于娟　　记账号：王顺　　保管员：梁峰

图2.6　收料单

2.6.1 填写收料日期

收料日期以阿拉伯数字填写收料业务办理当天的日期，格式为“××××年××月××日”，如：2016 年 01 月 22 日。

2.6.2 填写供货单位

供货单位填写供应单位全称，按材料采购发票上的销货单位全称填写，不得简写。

2.6.3 填写收料名称、数量、单价和金额

材料的编号、名称、规格、单位和数量等信息，按照给定的业务信息填写。买价、运杂费、合计等金额项目，按货币书写要求使用阿拉伯金额数字填写，一律写到角分，无角分的，角位和分位写“00”，例如买价“5”元，填写为“5.00”元。

收料单为企业自制原始凭证，合计行小写金额前是否加“￥”字符号，各企业做法不一，不作强制要求。

2.6.4 填写收料单人员信息

收料单人员信息根据业务要求据实填写。

2.6.5 收料单其他项目

收料单表头的其他项目，如发票号码、材料类别、收料单编号、收料仓库，根据业务要求据实填写。

2.7 填制领料单

领料单格式如图 2.7 所示。

领　料　单

仓库：办公用品库　　　　2016 年 01 月 05 日　　　　领料单编号：3

编号	类别	物料名称	规格	单位	数量		实际价格	
					请领	实发	单价	金额
001	办公用品	文件夹		个	10	10	3.00	30.00
002	办公用品	笔记本		本	10	10	5.00	50.00
合计								¥ 80.00
用途	办公使用				领料部门		发料部门	
					负责人	领料人	核准人	发料人
					周鹏	方雅	何易迅	王健

第一联 存根

图 2.7　领料单

2.7.1　填写领料日期

领料日期以阿拉伯数字填写领料业务发生当天的日期，格式为“××××年××月××日”，如：2016 年 01 月 05 日。

2.7.2　填写领料单位

领料单位根据给定的业务信息填写单位全称，不得简写。

2.7.3　填写领料名称、数量、单价和金额

材料的编号、类别、名称、规格、单位和数量等，严格按照给定的业务信息填写。单价、合计等金额项目，按货币书写要求填写，一律写到角分，无角分的，角位和分位写“00”，例如单价“3”元，填写为单价“3.00”元。

领料单为企业自制原始凭证，合计行小写金额前是否加“¥”字符号，各企业做法不一，不作强制要求。

2.7.4 填写领料单相关部门及人员信息

领料部门与发料部门的人员信息，根据给定的业务要求填写。

2.7.5 领料单其他项目

仓库、领料单编号、用途等其他项目，根据业务要求据实填写。

2.8 填制差旅费报销单

差旅费报销单格式如图 2.8 所示。

差旅费报销单

报销日期	2016-01-04		预算科目			专项名称				预算项目		
部门	业务部		出差人	宋贤				出差事由	上海业务办理			
出发		到达		交通费			住宿费			其他费用		
日期	地点	日期	地点	交通工具	单据张数	金额	天数	单据张数	金额	项目	单据	金额
2016-01-01	杭州	2016-01-01	上海	火车	1	50.00	2	1	1 000.00	行李费		
2016-01-03	上海	2016-01-03	杭州	火车	1	50.00				市内车费		
										出租	30	500.00
										手续费		
										出差补贴		
										节约奖励		
合计						100.00			1 000.00			500.00
报销金额	人民币（大写）		壹仟陆佰元整						预借款		¥ 3 000.00	
	人民币（小写）		¥ 1 600.00		补领不足				归还多余		¥ 1 400.00	

主管：　　　审核：　　　报销人：宋贤　　　部门：业务部

图 2.8 差旅费报销单

2.8.1 填写报销日期

报销日期以阿拉伯数字填写，格式为“××××-××-××”，如：

2016-01-04。

2.8.2 填写报销事由

报销事由按照给定的业务信息，言简意赅地填写。

2.8.3 填写报销具体票据信息

出发、到达栏分别填写出发日期、地点与到达日期、地点，交通费栏填写相应的交通工具及单据张数与金额，住宿费栏填写相应的住宿天数及单据张数与金额，行李费、市内车费、出租、手续费、出差补贴、节约奖励等据实际单据张数与金额填写。

单据张数及天数以阿拉伯数字“1、2、3、4、5 …”填写，如 1 张汽车票，则在交通费栏填写交通工具“汽车”与单据张数“1”。金额栏一律写到角分，无角分的，角位和分位写“00”，如 1 张 80 元的汽车票，则在交通费栏填写金额“80.00”。

2.8.4 填写报销合计大小写金额

总的报销金额，小写的阿拉伯数字按货币书写要求填写，小写金额前面应填写货币币种符号“¥”，且币种符号与阿拉伯数字之间不留空白。阿拉伯数字前写有币种符号的，数字后面不写货币单位。金额一律写到角分，无角分的，角位和分位写“00”。如人民币 700 元，写为“¥700.00”。

总的报销金额，大写的数字使用“零、壹、贰、叁、肆、伍、陆、柒、捌、玖、拾、佰、仟、万、亿”等字，用正楷或者行书体书写，不用〇、一、二、三、四等简化大写数字代替，不任意自造简化字。大写金额数字到元或者角为止的，在元或者角之后写“整”字或者“正”字；大写金额数字有分的，“分”字后面不写“整”字或者“正”字。

阿拉伯金额数字中间有“0”时，汉字大写金额要写“零”字；阿拉伯金额数字中间连续有几个“0”时，汉字大写金额中可以只写一个“零”字；阿拉伯金额数字元位是“0”，或者数字中间连续有几个“0”、元位也是“0”但角位不是“0”时，汉字大写金额可以只写一个“零”字，也可以不写“零”字。如“￥1 600.00”的大写为“壹仟陆佰元整”。

“预借款”“补领不足”“归还多余”等金额栏，根据业务信息据实填写。

2.8.5 填写报销人或经办人等其他信息

报销人及其所在部门必须填写清楚，主管、审核等人员信息根据给定的业务内容据实填写。

2.9 填制现金缴款单

现金缴款单如图 2.9.1 和图 2.9.2 所示。

ICBC 中国工商银行　　现金存款凭条

日期：2016 年 01 月 31 日　　浙25294726

存款人	全称	浙江衡信教育科技有限公司		
	账号	1202022707070330202	款项来源	产品销售款
	开户行	工行杭州高新支行	交款人	王顺

金额（大写）贰仟壹佰陆拾元整	金额（小写）	亿	千	百	十	万	千	百	十	元	角	分
						¥	2	1	6	0	0	0

票面	张数	十	万	千	百	十	元	票面	张数	千	百	十	元	角	分	备注
壹佰元	20			2	0	0	0	伍角								中国工商银行股份有限公司杭州高新支行 2016.01.31 业务办讫章(04)
伍拾元	1					5	0	贰角								
贰拾元								壹角								
拾元	11				1	1	0	伍分								
伍元								贰分								
贰元								壹分								
壹元								其他								

第二联 客户核对联

图 2.9.1 中国工商银行现金缴款单

中国农业银行 AGRICULTURAL BANK OF CHINA

现金缴款单

日 期：20160226　时 间：14:04:02　用户：190000ops　传票号：0064
终端号：190000K0D　日志号：254234760　授权：　现场复核：
前台交易码：21200
后台交易码：DPOS0003

操作类型：现金存入　录入流水号：
收款人账号：19045102030405060　账簿编号：
收款人户名：浙江衡信教育科技有限公司
账簿名称：
现金缴款人：吴静
交易金额：CNY 30 000.00
金额大写：人民币 叁万元整
交易附言：现金缴存

收款人户名	浙江衡信教育科技有限公司		
收款人账号	19045102030405060	收款人开户行	农行杭州高新支行
缴款人	吴静	款项来源	现金缴存
币种(√) 人民币☑ 外币	大写：叁万元整		¥3000000

券别	100元	50元	20元	10元	5元	2元	1元			辅币( )金额
	300									

第二联 客户回单

中国农业银行股份有限公司杭州高新支行 2016.02.26 业务办讫章(04)

图 2.9.2　中国农业银行现金缴款单

2.9.1　填写存款人、收款人信息

填写存款人、收款人的信息，如“全称”“户名”“账号”“开户行”等信息，应与存款人、收款人的银行开户许可证登记的信息内容一致；款项来源根据业务以简明文字据实填写；交款人、缴款人根据业务填写款项交纳人员的姓名。

2.9.2　填写金额大小写

小写金额以阿拉伯数字按货币书写要求填写，小写金额前面应当填写货币币种符号“￥”，且币种符号与阿拉伯数字之间不留空白。阿拉伯数字前写有币种符号的，数字后面不写货币单位。金额一律写到角分，无角分的，角位和分位写“00”。如人民币 53 850 元，应写为“￥53 850.00”。

大写的数字金额使用“零、壹、贰、叁、肆、伍、陆、柒、捌、玖、拾、佰、仟、

万、亿”等字，用正楷或者行书体书写，不用〇、一、二、三、四等简化大写数字代替，不任意自造简化字。大写金额数字到元或者角为止的，在元或者角之后写“整”字或者“正”字；大写金额数字有分的，“分”字后面不写“整”字或者“正”字。

阿拉伯金额数字中间有“0”时，汉字大写金额要写“零”字；阿拉伯金额数字中间连续有几个“0”时，汉字大写金额中可以只写一个“零”字；阿拉伯金额数字元位是“0”，或者数字中间连续有几个“0”、元位也是“0”但角位不是“0”时，汉字大写金额可以只写一个“零”字，也可以不写“零”字。如“￥53 850.00”的大写为“伍万叁仟捌佰伍拾元整”。

2.9.3 填写收款券的券别张数与金额

券别张数以阿拉伯数字“1、2、3、5、6、7…”填写，如 10 张 100 元，5 张 10 元，则在券别 100 元的张数栏内填“10”，在券别 10 元的张数栏内填“5”。

各券别需填写对应金额的，以阿拉伯数字填写。

2.9.4 盖章

现金缴款单中的“××银行业务办讫章”，根据业务要求加盖。

2.10 填制借款单

借款单格式如图 2.10 所示。

借 款 单

2016 年 01 月 15 日

资金性质：库存现金

部门：	业务部	借款人：	宋贤
借款理由：	差旅费 现金付讫		
金额：	大写：伍仟元整	小写：¥5 000.00	
领导批示：	王俊	财务主管：	沈霞
部门主管：王俊	出纳：吴静	领款人签收：宋贤	

图 2.10 借款单

2.10.1 填写借款日期

借款日期以阿拉伯数字填写，格式为"××××年××月××日"，如：2016 年 01 月 15 日。

2.10.2 填写借款事由

借款事由按照给定的业务内容，言简意赅地填写。

2.10.3 填写借款人及其部门

部门填写借款人所在部门，借款人填写借款人或办理人姓名。

2.10.4 填写借款金额大小写

小写金额以阿拉伯数字按货币书写要求填写，小写金额前面应填写货币币种符号"¥"，且币种符号与阿拉伯数字之间不留空白。阿拉伯数字前写有币种符号的，数字后面不写货币单位。金额一律写到角分，无角分的，角位和分位写"00"。例如，人民币2 500元，写为"¥2 500.00"。

大写的数字金额使用“零、壹、贰、叁、肆、伍、陆、柒、捌、玖、拾、佰、仟、万、亿”等字，用正楷或者行书体书写，不用〇、一、二、三、四等简化大写数字代替，不任意自造简化字。大写金额数字到元或者角为止的，在元或者角之后写“整”字或者“正”字；大写金额数字有分的，“分”字后面不写“整”字或者“正”字。

阿拉伯金额数字中间有“0”时，汉字大写金额要写“零”字；阿拉伯金额数字中间连续有几个“0”时，汉字大写金额中可以只写一个“零”字；阿拉伯金额数字元位是“0”，或者数字中间连续有几个“0”、元位也是“0”但角位不是“0”时，汉字大写金额可以只写一个“零”字，也可以不写“零”字。如“￥2 500.00”的大写为“贰仟伍佰元整”。

2.10.5 其他人员的签名、盖章

领款人必须签名，领导、财务主管、部门主管、出纳等借款单上的其他人员信息，根据业务要求填写。

借款单为企业自制原始凭证，加盖的印章各企业不一，有公章、现金付讫章等印章，实际操作根据业务要求加盖。

2.11 填制工资结算表

2.11.1 填写工资结算表

正确填写工资构成项目及各项目金额，完成结算单位、结算起止日期等项目的填写，如图 2.11.1 所示。

2.11.2 填写工资分配表

能够根据分配标准分配工资，正确分配所记入的会计科目及金额等要

素信息，如图 2.11.2 所示。

工 资 结 算 表

结算单位：浙江衡信教育科技有限公司

结算起止日期：2016年01月01日至2016年01月31日

部门	职位	姓名	应付工资	代扣款项					实发工资	确认签名
				社保五险—个人部分			公积金	个人所得税		
				养老保险	医疗保险	失业保险	个人部分			
行政管理	总经理	高衡	30 000.00	865.00	240.00	108.00	1 443.00	4 956.00	22 388.00	
	经理助理	陈信	10 000.00	800.00	200.00	100.00	1 200.00	315.00	7 385.00	
	财务主管	沈霞	10 000.00	800.00	200.00	100.00	1 200.00	315.00	7 385.00	
	主办会计	赵燕	8 000.00	640.00	160.00	80.00	960.00	161.00	5 999.00	
	出纳	吴静	5 000.00	400.00	100.00	50.00	600.00	10.50	3 839.50	
销售部	销售经理	林明	10 000.00	800.00	200.00	100.00	1 200.00	315.00	7 385.00	
	销售员	钱一	8 000.00	640.00	160.00	80.00	960.00	161.00	5 999.00	
	销售员	钱二	8 000.00	640.00	160.00	80.00	960.00	161.00	5 999.00	
A车间	A车间管理人员	叶维	10 000.00	800.00	200.00	100.00	1 200.00	315.00	7 385.00	
	A001产品工人	张一	4 000.00	320.00	80.00	40.00	480.00	0.00	3 080.00	
	A001产品工人	张二	4 000.00	320.00	80.00	40.00	480.00	0.00	3 080.00	
	A002产品工人	王一	4 000.00	320.00	80.00	40.00	480.00	0.00	3 080.00	
	A002产品工人	王二	4 000.00	320.00	80.00	40.00	480.00	0.00	3 080.00	
合计			115 000.00	7 665.00	1 940.00	958.00	11 643.00	6 709.50	86 084.50	

图 2.11.1 工资结算表

工 资 分 配 表

分配单位：浙江衡信教育科技有限公司

分配起止日期：2016年01月01日至2016年01月31日

部门 \ 分配项目		序号	生产成本分配		工资分配				
			生产工时	分配率	生产成本	制造费用	管理费用	销售费用	合计
A车间生产产品工人	A001产品	1	5 500	1.6	8 800.00				8 800.00
	A002产品	2	4 500		7 200.00				7 200.00
	小计	3	10 000		16 000.00				16 000.00
A车间管理人员		4				10 000.00			10 000.00
行政管理		5					63 000.00		63 000.00
销售部		6						26 000.00	26 000.00
合 计		7			32 000.00	10 000.00	63 000.00	26 000.00	115 000.00

图 2.11.2 工资分配表

2.12 审核原始凭证

审核原始凭证的名称、填制日期、填制单位名称、填制人姓名、经办人签章、接收凭证单位名称、经济业务内容、签章、金额、联次等要素；审核原始凭证的真实性、合法性、合理性、完整性和正确性。

3 填制与审核记账凭证

3.1 编制通用记账凭证

记账凭证的格式如图 3.1.1 所示。

记 账 凭 证

记 字第 29 号

2016 年 01 月 31 日　　　　附件 1 张

科兴财会

摘要	总账科目	明细科目	借方金额（亿千百十万千百十元角分）	记账符号	贷方金额（亿千百十万千百十元角分）	记账符号
收到上月货款	银行存款		11400000	□		□
收到上月货款	应收账款	税友集团		□	11400000	□
				□		□
				□		□
				□		□
结算方式及票号:		合计	¥11400000	□	¥11400000	□

会计主管:　　记账:　　复核: 赵燕　　制证: 吴静

图 3.1.1　记账凭证

3.1.1　填制通用记账凭证的日期

记账凭证的日期，按照业务处理的日期填写。

日期以阿拉伯数字填写，格式为"××××年××月××日"，如：2016 年 01 月 31 日。

3.1.2　填制通用记账凭证的编号

记账凭证的编号，不全年连续编号，每月根据经济业务发生的顺序，从"1、2、3、4、5、6、7…"编至最后一笔经济业务结束。

一笔经济业务在一张凭证上不够填写时，采用分数编号法编号。例如，一笔经济业务需编制两张通用记账凭证，凭证的顺序号为第 30 号时，可编制记字第 30 $\frac{1}{2}$ 号、记字第 30 $\frac{2}{2}$ 号，如图 3.1.2 所示。

记　账　凭　证

记　字第 30$\frac{1}{2}$ 号

附件　0　张

2016 年 01 月 31 日

科兴财会

摘　要	总账科目	明细科目	借方金额（亿千百十万千百十元角分）	记账符号	贷方金额（亿千百十万千百十元角分）	记账符号
结转成本费用类科目	本年利润		630000000	□		□
结转成本费用类科目	主营业务成本			□	400000000	□
结转成本费用类科目	其他业务成本			□	40000000	□
结转成本费用类科目	营业税金及附加			□	8000000	□
结转成本费用类科目	销售费用			□	50000000	□
结算方式及票号：		合　计		□		□

会计主管：　　记账：　　复核：赵燕　　制证：吴静

记　账　凭　证

记　字第 30$\frac{2}{2}$ 号

附件　0　张

2016 年 01 月 31 日

科兴财会

摘　要	总账科目	明细科目	借方金额（亿千百十万千百十元角分）	记账符号	贷方金额（亿千百十万千百十元角分）	记账符号
结转成本费用类科目	管理费用			□	77000000	□
结转成本费用类科目	财务费用			□	20000000	□
结转成本费用类科目	资产减值损失			□	10000000	□
结转成本费用类科目	营业外支出			□	25000000	□
				□		□
结算方式及票号：		合　计	￥630000000	□	￥630000000	□

会计主管：　　记账：　　复核：赵燕　　制证：吴静

图 3.1.2　记账凭证

3.1.3　填制经济业务事项的内容摘要

记账凭证的摘要，根据业务要求简明扼要填写。对于非电脑制作的记账凭证，每张凭证的摘要可只填第一行。

3.1.4 确定会计科目及其记账方向

总账科目按规范填写科目全称，明细科目按业务要求填写，不得用科目编号或外文字母代替；遇到连续相同的会计科目时，也不得用省略符号代替。

填制会计科目时，应先填写借方科目，后填写贷方科目，且借方金额合计和贷方金额合计一致。

每张记账凭证只反映一项经济业务，除少数特殊业务外，不应人为将不同经济业务汇总填制多借多贷、对应关系不清的记账凭证。

3.1.5 确定经济业务事项的金额

记账凭证所填制的金额和所附原始凭证或原始凭证汇总表的金额一致。填制完经济业务事项后，如有空行，应当自金额栏最后一笔金额数字下的右上角处至最底一行的左下角处划一条对角线注销。合计行金额数字前，必须填写人民币符号“¥”。例如，一笔经济业务编制了两张通用记账凭证，记字第 30 $\frac{1}{2}$ 号、记字第 30 $\frac{2}{2}$ 号，经济业务事项的合计数，只填写在最后一张凭证的合计上，即在 30 $\frac{2}{2}$ 号凭证上填写合计数，而 30 $\frac{1}{2}$ 号凭证上的合计不填，如图 3.1.2 所示。

3.1.6 填制所附原始凭证的张数

结账和更正错误的记账凭证可不附原始凭证，其他记账凭证须附有原始凭证。原始凭证张数根据业务要求，使用阿拉伯数字“1、2、3 …”填写。一笔经济业务编制多张通用记账凭证时，该笔业务的原始凭证张数在每一张记账凭证上都填写。例如，月末结转费用成本，编制了记字第 30 $\frac{1}{2}$ 号、记字第 30 $\frac{2}{2}$ 号两张通用记账凭证，无原始凭证，则在记字第 30 $\frac{1}{2}$ 号、记字第

30 $\frac{2}{2}$号凭证上均填写“附件 0 张”，如图 3.1.2 所示。

3.1.7 完成相关人员的签名或盖章

制证人员必须签名或盖章，会计主管、记账、复核等人员根据业务要求签名或盖章。

3.1.8 填写记账标记

根据业务要求，在完成记账的条目后填写“√”，作为记账标记，未完成记账的条目后，不填写记账标记。

3.2 编制收款凭证

收款凭证的格式如图 3.2 所示。

收 款 凭 证

银收字第 1 号

2016 年 01 月 11 日 附件 1 张

借方科目：银行存款

对方单位	摘要	贷方科目：总账科目	贷方科目：明细科目	金额：千	百	十	万	千	百	十	元	角	分	记账符号
税友集团	上月货款	应付账款	税友集团				9	0	0	0	0	0	0	□
														□
														□
														□
														□
银行结算方式及票号：			合计			¥	9	0	0	0	0	0	0	□

杭州青联印刷厂印制 210

会计主管： 记账： 稽核：赵燕 出纳：吴静 制证：吴静

图 3.2 收款凭证

3.2.1 填制收款凭证的日期

收款凭证的日期，按照业务处理的日期填写。

日期以阿拉伯数字填写，格式为“××××年××月××日”，如：2016年01月11日。

3.2.2 填制收款凭证的编号

收款凭证的编号，不用全年连续编号，每月根据经济业务发生的顺序，从“1、2、3、4、5、6、7…”编至最后一笔经济业务结束。

3.2.3 填制经济业务事项的内容摘要

收款凭证的摘要，根据业务要求简明扼要填写。对于非电脑制作的记账凭证，每张凭证的摘要可只填第一行。

3.2.4 确定会计科目及其记账方向

借方科目填写“库存现金”或“银行存款”。

贷方科目根据给定的业务信息正确填写。其中，总账科目按规范填写科目全称，明细科目按业务要求填写，不得用科目编号或外文字母代替；遇到连续相同的会计科目时，也不得用省略符号代替。

每张收款凭证只反映一项收款业务，除少数特殊业务外，不应人为将不同经济业务汇总填制对应关系不清的记账凭证。

3.2.5 确定经济业务事项的金额

收款凭证所填制的金额和所附原始凭证或原始凭证汇总表的金额一致。填制完经济业务事项后，如有空行，应当自金额栏最后一笔金额数字下的右上角处至最底一行的左下角处划一条对角线注销。合计行金额数字前，须填写人民币符号“¥”。

3.2.6 填制所附原始凭证的张数

更正错误的收款凭证可不附原始凭证，其他收款凭证须附有原始凭证。原始凭证张数根据业务要求，使用阿拉伯数字“1、2、3 …”填写。

3.2.7 完成相关人员的签名或盖章

制证、出纳人员必须签名或盖章，会计主管、记账、稽核等人员根据业务要求签名或盖章。

3.2.8 填写记账标记

根据业务要求，在完成记账的条目后填写“√”，作为记账标记，未完成记账的条目后，不填写记账标记。

3.3 编制付款凭证

3.3.1 填制付款凭证的日期

付款凭证的日期，按照业务处理的日期填写。

日期以阿拉伯数字填写，格式为“××××年××月××日”，如：2016年01月27日。

付款凭证的格式如图 3.3 所示。

付款凭证

银付字第 11 号

贷方科目：银行存款　　2016 年 01 月 27 日　　附件 1 张

对方单位	摘要	借方科目		金额										记账符号
		总账科目	明细科目	千	百	十	万	千	百	十	元	角	分	
税友集团	支付上月材料采购款	应付账款	税友集团				3	4	5	7	0	0	0	□
														□
														□
														□
														□
银行结算方式及票号：			合计			¥	3	4	5	7	0	0	0	□

杭州青联印刷有限公司出品211

会计主管：　　记账：　　稽核：赵燕　　出纳：吴静　　制证：吴静

图 3.3　付款凭证

3.3.2　填制付款凭证的编号

付款凭证的编号，不得全年连续编号，每月根据经济业务发生的顺序，从“1、2、3、4、5、6、7 …”编至最后一笔经济业务结束。

3.3.3　填制经济业务事项的内容摘要

付款凭证的摘要，根据业务要求简明扼要填写。对于非电脑制作的记账凭证，每张凭证的摘要可只填第一行。

3.3.4　确定会计科目及其记账方向

借方科目根据给定的业务信息填写。其中，总账科目按规范填写科目全称，明细科目按业务要求填写，不得用科目编号或外文字母代替；遇到连续相同的会计科目时，也不得用省略符号代替。

贷方科目填写“库存现金”或“银行存款”。

每张收款凭证只反映一项收款业务，除少数特殊业务外，不应人为将不同经济业务汇总填制对应关系不清的记账凭证。

3.3.5 确定经济业务事项的金额

付款凭证所填制的金额和所附原始凭证或原始凭证汇总表的金额一致。填制完经济业务事项后，如有空行，应当自金额栏最后一笔金额数字下的右上角处至最底一行的左下角处划一条对角线注销。合计行金额数字前，必须填写人民币符号“￥”。

3.3.6 填制所附原始凭证的张数

更正错误的付款凭证可不附原始凭证，其他收款凭证须附有原始凭证。原始凭证张数根据业务要求，使用阿拉伯数字“1、2、3 …”填写。

3.3.7 完成相关人员的签名或盖章

制证、出纳人员必须签名或盖章，会计主管、记账、稽核等人员根据业务要求签名或盖章。

3.3.8 填写记账标记

根据业务要求，在完成记账的条目后填写“√”，作为记账标记。未完成记账的条目后，不填写记账标记。

3.4 编制转账凭证

转账凭证的格式如图 3.4 所示。

转 账 凭 证

转字第 1 号
附件 1 张

2016 年 01 月 18 日

摘要	总账科目	明细科目	借方金额	记账符号	贷方金额	记账符号
采购原材料 面粉	在途物资	面粉	3539823	□		□
采购原材料 面粉	应交税费	应交增值税	460177	□		□
采购原材料 面粉	应付账款	税友集团		□	4000000	□
				□		□
				□		□
合计			¥4000000	□	¥4000000	□

会计主管： 记账： 复核：赵燕 制证：吴静

杭州青联印刷厂印刷 207

图 3.4 转账凭证

3.4.1 填制转账凭证的日期

转账凭证的日期，按照业务处理的日期填写。

日期以阿拉伯数字填写，格式为“××××年××月××日”，如：2016 年 01 月 18 日。

3.4.2 填制转账凭证的编号

转账凭证的编号，不得全年连续编号，每月根据经济业务发生的顺序，从“1、2、3、4、5、6、7 …”编至最后一笔经济业务结束。

一笔经济业务在一张凭证上不够填写时，采用分数编号法编号。例如，一笔经济业务需编制两张转账凭证，凭证的顺序号为第 11 号时，可编制转字第 11 $\frac{1}{2}$号、转字第 11 $\frac{2}{2}$号。

3.4.3 填制经济业务事项的内容摘要

转账凭证的摘要，根据业务要求简明扼要填写。对于非电脑制作的转账凭证，每张凭证的摘要可只填第一行。

3.4.4 确定会计科目及其记账方向

总账科目按规范填写科目全称，明细科目按业务要求填写，不得用科目编号或外文字母代替；遇到连续相同的会计科目时，也不得用省略符号代替。

填制会计科目时，应先填写借方科目，后填写贷方科目，且借方金额合计和贷方金额合计一致。

每张转账凭证只反映一项经济业务，除少数特殊业务外，不应人为将不同经济业务汇总填制多借多贷、对应关系不清的转账凭证。

3.4.5 确定经济业务事项的金额

转账凭证所填制的金额和所附原始凭证或原始凭证汇总表的金额一致。填制完经济业务事项后，如有空行，应当自金额栏最后一笔金额数字下的右上角处至最底一行的左下角处划一条对角线注销。合计行金额数字前，必须填写人民币符号“￥”。例如，一笔经济业务编制了两张转账凭证，转字第 11 $\frac{1}{2}$号、转字第 11 $\frac{2}{2}$号，经济业务事项的合计数，只填写在最后一张凭证的合计上，即在 11 $\frac{2}{2}$号凭证上填写合计数，11 $\frac{1}{2}$号凭证上的合计数不填。

3.4.6 填制所附原始凭证的张数

损益结转或更正错账的转账凭证可不附原始凭证，其他转账凭证须附有原始凭证。原始凭证张数根据业务要求，使用阿拉伯数字“1、2、3 …”填写。一笔经济业务编制多张转账凭证时，该笔业务的原始凭证张数在每一张转账凭证上都填写。例如，一笔经济业务编制了转字第 $11\frac{1}{2}$ 号、转字第 $11\frac{2}{2}$ 号两张凭证，原始凭证 2 张，则在转字第 $11\frac{1}{2}$ 号凭证上填写“附件 2 张”，在转字第 $11\frac{2}{2}$ 号凭证上也填写“附件 2 张”。

3.4.7 完成相关人员的签名或盖章

制证人员必须签名或盖章，其他人员根据业务要求签名或盖章。

3.4.8 填写记账标记

根据业务要求，在完成记账的条目后填写“√”，作为记账标记，未完成记账的条目后，不填写记账标记。

3.5 审核记账凭证

审核记账凭证项目填写是否齐全；审核记账凭证是否附有原始凭证，所附原始凭证的张数与记账凭证上填写的附件张数是否一致，记账凭证上填写的经济业务内容、金额与原始凭证是否一致；审核记账凭证中确定的会计分录是否正确；审核记账凭证中所列示的各个项目是否填写齐全、完整，有关经办人员是否按照规定的手续和程序在记账凭证上签章。

4 登记账簿

4.1 登记日记账

日记账的格式如图 4.1.1 和图 4.1.2 所示。

银行存款日记账

2016年 月	日	凭证编号	摘要	结算方式 种类	号码	对方科目	收入(借方) 千百十万千百十元角分	√	支出(贷方) 千百十万千百十元角分	√	余额 千百十万千百十元角分	√
01	01		上年结转					□		□	85000000	□
01	05	银收1	借款收回	转支	3531	其他应收款	5000000	□		□	90000000	□
01	10	银付1	发工资	现支	0309	应付职工薪酬		□	3300000	□	86700000	□
01	15	银收2	收到货款	转支	6011	应收账款	1170000	□		□	87870000	□
01	30	银付2	支付运费	转支	1597	销售费用		□	1180000	□	86690000	□
01	31		本月合计				6170000	□	4480000	□	86690000	□
								□		□		□

图 4.1.1　银行存款日记账

现金日记账

2016年 月	日	凭证编号	摘要	对方科目	收入(借方) 百十万千百十元角分	√	支出(贷方) 百十万千百十元角分	√	余额 百十万千百十元角分	√
01	01		上年结转			□		□	200000	□
01	04	现收1	张立归还多余借款	其他应收款	10000	□		□	210000	□
01	04	现付1	购买办公用品	管理费用		□	160000	□	50000	□
01	04		本日合计		10000	□	160000	□	50000	□
01	15	银付1	提取备用金	银行存款	500000	□		□	550000	□
01	15	现付2	李强预借差旅费	其他应收款		□	250000	□	300000	□
01	15		本日合计		500000	□	250000	□	300000	□
01	27	现付3	张立预借差旅费	其他应收款		□	100000	□	200000	□
01	27		本日合计			□	100000	□	200000	□
01	31		本月合计		510000	□	510000	□	200000	□
						□		□		□

图 4.1.2　现金日记账

4.1.1 登记日记账的日期

银行存款日记账的日期根据与银行存款收付业务有关的记账凭证，按时间先后顺序逐日逐笔填写；现金日记账的日期根据与现金收付业务有关的记账凭证，按时间先后顺序逐日逐笔填写。日期以阿拉伯数字填写，格式为“××××年××月××日”，如：2016 年 01 月 01 日，其中：

月：01、02、03、04、05、06、07、08、09、10、11、12。

日：01、02、03、04、05、06、07、08、09、10、11、12、13、14、15、16、17、18、19、20、21、22、23、24、25、26、27、28、29、30、31。

4.1.2 登记日记账的凭证字号

银行存款日记账与现金日记账的凭证栏填写登记入账的记账凭证的种类和编号。其中，种类的填写在专用记账凭证中有“现收”“现付”“银收”和“银付”四种，在通用记账凭证中只有“记”一种。编号的填写为：1、2、3、4、5、6、7…

4.1.3 登记日记账的摘要和对方科目

银行存款日记账与现金日记账的“摘要”填写登记入账的经济业务的内容，“对方科目”在专用记账凭证中根据收、付款凭证中的贷方科目、借方科目名称填写，在通用记账凭证中根据借贷分录的对方科目名称填写，遇对方科目一个以上的，只填对方的第一个科目即可。

4.1.4 登记日记账的结算方式与借、贷金额

银行存款日记账：“结算方式”根据发生的经济业务的结算凭证的种类和编号填写，但该栏目是否设置存在，各企业选用的银行存款日记账账页格

式不一，有些账页已不设结算凭证栏，此栏的填制不作强制要求；“收入(借方)”栏根据实际收到的银行存款金额填写；“支出(贷方)”栏根据实际支付的银行存款金额填写。

现金日记账：“收入(借方)”栏根据实际收到的现金金额填写；“支出(贷方)”栏根据实际支付的现金金额填写。

借、贷金额一律写到角分，无角分的，角位和分位写“00”。

4.1.5 确定日记账的结存金额

银行存款日记账的“余额”根据借方或贷方金额计算填列，其结果表示银行存款的结存数额。现金日记账根据“上日余额＋本日收入－本日支出＝本日余额”的公式逐日结出余额，遇日记账账页中设置“借或贷”栏的，在“借或贷”栏内填写“借”或“贷”的字样，并在“余额”栏内填写相应的金额。现金日记账要日清，需统计每日合计，填写当日借方发生合计数，贷方发生合计数，结计当日余额数。结存金额写到角分，无角分的，角位和分位写“00”。

4.2 登记三栏式明细账

三栏式明细账的格式如图 4.2.1 和图 4.2.2 所示。

第 1 页

一级科目 短期借款　　**短期借款　明细账**

二级科目或明细科目

2016年 月	日	凭证 种类	号数	摘要	借方 (亿千百十万千百十元角分)	贷方 (亿千百十万千百十元角分)	借或贷	余额 (亿千百十万千百十元角分)
01	01			上年结转			贷	200000000
01	15	记	10	借入半年期借款		100000000	贷	300000000
01	27	记	28	偿还前期借款	100000000		贷	200000000
01	31			本月合计	100000000	100000000	贷	200000000

图 4.2.1 “短期借款”明细账

第 1 页

一级科目 应收账款

二级科目或明细科目 税友集团

应收账款 明细账

2016年		凭证		摘要	借方											贷方											借或贷	余额										
月	日	种类	号数		亿	千	百	十	万	千	百	十	元	角	分	亿	千	百	十	万	千	百	十	元	角	分		亿	千	百	十	万	千	百	十	元	角	分
01	01			上年结转																							借				2	0	0	0	0	0	0	0
01	10	记	5	货物销售					5	8	5	0	0	0	0												借				2	5	8	5	0	0	0	0
01	19	记	13	收到上月货款																3	0	0	0	0	0	0	借				2	2	8	5	0	0	0	0
01	31	记	20	货物销售					5	8	5	0	0	0	0												借				2	8	7	0	0	0	0	0

图 4.2.2 “应收账款”明细账

4.2.1 登记三栏式明细账的表头

表头信息，如页数、一级科目、明细科目等，根据业务据实填写。

4.2.2 登记三栏式明细账的日期

日期栏填写登记入账的记账凭证日期。根据审核无误的记账凭证，按经济业务发生的先后顺序，以阿拉伯数字填写，格式为“××××年××月××日”，如：2016 年 01 月 15 日。

4.2.3 登记三栏式明细账的凭证字号

凭证栏填写登记入账的记账凭证的种类和编号。其中，种类的填写在专用记账凭证中有“现收”“现付”“银收”“银付”和“转”五种，在通用记账凭证中只有“记”一种。编号的填写为：1、2、3、4、5、6、7 …

4.2.4 登记三栏式明细账的摘要

摘要栏填写登记入账的经济业务的内容。

4.2.5 登记三栏式明细账的借方金额和贷方金额

借方、贷方金额栏，登记记账凭证上对应明细科目的发生额。登记入账的借、贷方向与金额，与该科目在记账凭证上的借、贷方向与金额一致。借、贷金额一律写到角分，无角分的，角位和分位写“00”。

4.2.6 确定三栏式明细账的余额方向及金额

根据业务计算并确定三栏式明细账的余额方向及金额，完成填写。金额写到角分，无角分的，角位和分位写“00”。

4.3 登记多栏式明细账

多栏式明细账格式如图 4.3.1 至图 4.3.4 所示。

生产成本明细账

投产日期：2016.01.01　计划工时：　　　　　　科目名称：基本生产成本　首次 1　　总页 1

完工日期：　实际工时：　　　　　　生产批号：A2016001

　　　　　　　　　　　　　　　　　生产车间：A车间

完成产量：　数量：　产品规格：　　　　　　产品名称：A产品

2016年 月	日	凭证号数	摘要	借方发生额	成本项目：直接材料	直接工资	制造费用		
01	01		上年结转	10280.00	5000.00	2280.00	3000.00		
01	04	转1	生产领用材料	10000.00	10000.00				
01	30	转11	分配工资	50000.00		50000.00			
01	31	转13	结转制造费用	8000.00			8000.00		
01	31		月生产成本合计	78280.00	15000.00	52280.00	11000.00		
01	31	转14	结转完工产品成本	73200.00	12500.00	51200.00	95000.00		
01	31		月末在产品成本	5080.00	2500.00	1080.00	1500.00		

图 4.3.1 "生产成本"明细账

管理费用明细账

2016年 月	日	凭证号数	摘要	(借)方金额分析 职工薪酬	折旧费	办公费	差旅费	其他	合计
01	04	记4	发放元旦过节费	2000.00					2000.00
01	09	记8	购买办公用品			400.00			400.00
01	17	记14	行政人事出差费				1800.00		1800.00
01	25	记20	支付办公室房租			10000.00			10000.00
01	30	记27	计提折旧		500.00				500.00
01	30	记28	计提本月工资	4800.00					4800.00
01	31	记34	结转本期损益	6800.00	500.00	10400.00	1800.00		19500.00

图 4.3.2 “管理费用”明细账

主营业务收入明细账

2016 月	日	凭证号	摘要	借方	贷方	借或贷	余额	(贷)方分析 A产品	B产品	C产品	D产品	E产品
01	06	记9	销售A产品		165 600.00	贷	165 600.00	16560000				
01	07	记11	销售B产品		297 690.00	贷	463 290.00		29769000			
01	07	记12	销售C产品		160 500.00	贷	623 790.00			16050000		
01	25	记19	销售D产品		28 410.00	贷	652 200.00				2841000	
01	27	记21	A产品销售退回	100 000.00		贷	552 200.00	10000000				
01	30	记22	销售E产品		25 900.00	贷	578 100.00					2590000
01	31	记35	结转本期损益	578 100.00		平	θ					

图 4.3.3 “主营业务收入”明细账

4.3.1 登记多栏式明细账的表头

表头信息，如页数、科目名称等，根据业务据实填写。

4.3.2 登记多栏式明细账的日期

日期栏填写登记入账的记账凭证日期。根据审核无误的记账凭证，按经济业务发生的先后顺序，以阿拉伯数字填写，格式为“××××年××月××日”，如：2016 年 01 月 01 日。

4.3.3 登记多栏式明细账的凭证字号

凭证栏填写登记入账的记账凭证的种类和编号。其中，种类的填写在专用记账凭证中有“现收”“现付”“银收”“银付”和“转”五种，在通用记账凭证中只有“记”一种。编号的填写为：1、2、3、4、5、6、7 …

4.3.4 登记多栏式明细账的摘要

摘要栏填写登记入账的经济业务的内容。

4.3.5 登记多栏式明细账的借方金额和贷方金额

借方、贷方金额栏，填写登记入账的记账凭证上对应明细科目的发生额。登记入账的借、贷方向与金额，与该科目在记账凭证上的借、贷方向与金额一致。借、贷金额一律写到角分，无角分的，角位和分位写“00”。

对借方多栏的，需填写借方多栏相应金额，如图 4.3.1 和图 4.3.2 所示。

对贷方多栏的，需填写贷方多栏相应金额，如图 4.3.3 所示。

对借方和贷方多栏的，需填写借方和贷方多栏相应金额，如图 4.3.4 所示。

4.3.6 确定多栏式明细账的余额方向及金额

根据“上一行余额＋本行新增－本行减少＝本行余额”的公式，逐行结出余额，金额写到角分，无角分的，角位和分位写“00”。

4.4 登记数量金额式明细账

数量金额式明细账格式如图 4.4.1 所示。

原材料 明细账

类别：A产品材料　　总页 1 页 分页 1 页
名称：A001材料　　存放地点：A仓库　　最高储量：
编号：001　规格：　　计量单位：千克　　最低储量：

2016年 月	日	凭证编号	摘要	收入 数量	收入 单价	收入 金额（千百十万千百十元角分）	发出 数量	发出 单价	发出 金额（千百十万千百十元角分）	结存 数量	结存 单价	结存 金额（千百十万千百十元角分）	稽核
01										500	5.00	250000	
01	31		本月合计	1 000		500000	500		250000	500	5.00	250000	
02	05	收料1	收料1 500千克	1 500	6.00	900000				500	5.00	250000	
										1 500	6.00	900000	
02	10	领料1	领料1 000千克				500	5.00	250000				
							500	6.00	300000	1 000	6.00	600000	
02	15	领料2	领料500千克				500	6.00	300000	500	6.00	300000	
02	29		本月合计	1 500		900000	1 500		850000	500	6.00	300000	

图 4.4.1 “原材料”明细账(先进先出法)

4.4.1 登记数量金额式明细账的表头

表头信息，如类别、名称、编号、规格、页数、存放地点、计量单位等，根据业务据实填写，如图 4.4.2 所示。

原材料 明细账

类别：A产品材料　　　　　　　　　　　　　　　　　　总页 1 页 分页 1 页

名称：A001材料　　　　　　存放地点：A仓库　　　　　最高储量：

编号：001　　规格：　　　　计量单位：千克　　　　　　最低储量：

2016年 月	日	凭证编号	摘要	收入 数量	收入 单价	收入 金额（千百十万千百十元角分）	发出 数量	发出 单价	发出 金额（千百十万千百十元角分）	结存 数量	结存 单价	结存 金额（千百十万千百十元角分）	稽核
01										500			
01	31		本月合计	1 000		500000	500	5.00	250000	500	5.00	250000	
02	05	收料1	收料1 500千克	1 500	6.00	900000				2 000			
02	10	领料1	收料500千克				500			1 500			
02	10	领料2	领料1 000千克				1 000			500			
02	20	收料2	收料2 000千克	2 000	4.65	930000				2 500			
02	29		本月合计	3 500		1830000	1 500	5.20	780000	2 500	5.20	1300000	

图 4.4.2 "原材料"明细账(加权平均法)

4.4.2 登记数量金额式明细账的日期

日期栏填写财产物资收入、发出的日期,按收入、发出业务发生的先后顺序,以阿拉伯数字填写,格式为"××××年××月××日",如:2016 年 02 月 05 日。

4.4.3 登记数量金额式明细账的凭证编号

凭证编号栏填写收入、发出业务相关原始凭证的名称与编号,如:收料 1、收料 2、领料 1、领料 2 等。

4.4.4 登记数量金额式明细账的摘要

摘要栏填写财产物资收入和发出业务的内容。

4.4.5 登记数量金额式明细账收入栏的数量、单价和金额

数量金额式明细账的收入数量、单价和金额,根据企业有关财产物资的

收入信息填写。

4.4.6 登记数量金额式明细账发出栏的数量、单价和金额

数量金额式明细账的发出数量、单价和金额，根据企业有关财产物资的发出信息填写。在先进先出法中，填写数量、单价和金额，对一次发出一种以上财产物资的，发出栏分行填写，如图 4.4.1 所示；在加权平均法中，发出栏日常只填写数量，不填写单价和金额，如图 4.4.2 所示。

4.4.7 确定数量金额式明细账结存栏的数量、单价和金额

数量金额式明细账的结存数量、单价和金额，根据企业有关财产物资的结存情况填写。在先进先出法中，填写数量、单价和金额，对结存一种以上财产物资的，结存栏分行填写，如图 4.4.1 所示；在加权平均法中，结存栏日常只填写数量，不填写单价和金额，如图 4.4.2 所示。

月末结账时，在先进先出法中，收入栏填写数量和金额，发出栏填写数量和金额，结存栏填写数量、单价和金额，如图 4.4.1 所示；在加权平均法中，收入栏填写数量和金额，发出栏填写数量、单价和金额，其中金额通过倒挤计算填写，结存栏填写数量、单价和金额，如图 4.4.2 所示。

4.5 编制科目汇总表

科目汇总表的格式如图 4.5 所示。

4.5.1 登记科目汇总表的表头

表头信息，如编号、附件等，根据业务据实填写。

科目汇总表

编号 1				附件共 1 张
凭证号数	通用记账凭证	第 1	号至 11	号共 11 张
	凭证	第	号至	号共 张
	凭证	第	号至	号共 张

2016 年 01 月 01 日至 01 月 31 日

会计科目	总页	借方										贷方									
		千	百	十	万	千	百	十	元	角	分	千	百	十	万	千	百	十	元	角	分
库存现金						5	0	0	0	0	0					5	0	0	0	0	0
银行存款					1	3	2	0	0	0	0				6	8	5	5	0	0	0
其他应收款						5	0	0	0	0	0					1	5	0	0	0	0
原材料															2	9	6	6	0	0	0
应付职工薪酬					5	7	8	0	0	0	0										
应交税费																5	1	0	0	0	0
本年利润						5	7	5	0	0	0				3	0	0	0	0	0	0
生产成本					2	9	6	6	0	0	0										
主营业务收入					3	0	0	0	0	0	0				3	0	0	0	0	0	0
管理费用						5	7	5	0	0	0					5	7	5	0	0	0
合计				1	8	7	2	6	0	0	0			1	8	7	2	6	0	0	0

图 4.5 科目汇总表

4.5.2 填制科目汇总表的日期

日期以阿拉伯数字填写，格式为“××××年××月××日至××月××日”，如：2016 年 01 月 01 日至 01 月 31 日。

4.5.3 填制科目汇总表的字号

凭证号数填写登记入科目汇总表的记账凭证的编号。例如，登记入表的记账凭证为记字第 1 号至记字第 11 号共 11 张，则填写：通用记账凭证，第 1 号至第 11 号，共 11 张。

4.5.4 填制科目汇总表的会计科目、借方发生额和贷方发生额

科目汇总表中的会计科目、借方发生额和贷方发生额，分别填写登记入科目汇总表的记账凭证中所有一级会计科目名称及其借方发生合计额与贷方发生合计额。金额一律写到角分，无角分的，角位和分位写“00”。

4.5.5 计算并填制借方和贷方合计金额

在最后一项会计科目的汇总记录的下一行，会计科目栏填写“合计”字样，借方栏填写科目汇总表的所有会计科目的借方发生额合计数，贷方栏填写所有会计科目的贷方发生额合计数，且借方合计金额与贷方合计金额相等。金额写到角分，无角分的，角位和分位写“00”。

4.6 登 记 总 账

总账的格式如图 4.6.1 和图 4.6.2 所示。

总 账

科目 原材料　　编码 1403

2016年		凭证编号	摘要	借方											√	贷方											√	借或贷	余额											√
月	日			亿	千	百	十	万	千	百	十	元	角	分		亿	千	百	十	万	千	百	十	元	角	分			亿	千	百	十	万	千	百	十	元	角	分	
01	01		上年结转																									借						8	5	4	5	0	0	
01	08	转6	结转入库材料成本						8	0	0	0	0	0														借					1	6	5	4	5	0	0	
01	25	转32	生产领用																		5	4	8	0	0	0		借					1	1	0	6	5	0	0	
01	31		本月合计						8	0	0	0	0	0							5	4	8	0	0	0		借					1	1	0	6	5	0	0	

图 4.6.1 总账

总　账

科目 银行存款　　　编码 1002

2016年		凭证编号	摘要	借方											√	贷方											√	借或贷	余额											√
月	日			亿	千	百	十	万	千	百	十	元	角	分		亿	千	百	十	万	千	百	十	元	角	分			亿	千	百	十	万	千	百	十	元	角	分	
01	01		上年结转																									借				1	0	0	0	0	0	0	0	
01	15	汇 1	01-15日汇总过入					5	0	5	0	0	0	0						4	5	1	8	0	0	0		借				1	0	5	3	2	0	0	0	
01	31	汇 2	16-31日汇总过入					1	2	0	0	0	0	0						7	3	0	0	0	0	0		借					4	4	3	2	0	0	0	
01	31		本月合计					6	2	5	0	0	0	0					1	1	8	1	8	0	0	0		借					4	4	3	2	0	0	0	

图 4.6.2　总账

4.6.1　登记总账的表头

表头信息，如会计科目编码、名称等，根据业务据实填写。其中，总账科目名称需填写科目全称，如“原材料”“应交税费”“银行存款”等，不得简写。

4.6.2　登记总账的日期

总账的日期，在记账凭证核算形式下根据记账凭证的日期填写，在科目汇总表核算形式下根据科目汇总表汇总截止的日期填写。日期以阿拉伯数字填写，格式为“××××年××月××日”，如：2016 年 01 月 15 日、2016 年 01 月 31 日。

4.6.3　登记总账的凭证编号

凭证编号填写登记入账的记账凭证或科目汇总表的种类和编号。根据记账凭证登记总账的种类，在专用记账凭证中有“现收”“现付”“银收”“银付”和“转”五种，在通用记账凭证中只有“记”一种。根据科目汇总表登记总账的，只有“汇”一种。编号的填写为：1、2、3、4、5、6、7 …

4.6.4 登记总账的摘要

摘要栏填写登记入账的经济业务的内容，在记账凭证核算形式下，根据记账凭证的摘要内容填写，在科目汇总表核算形式下，填写“××-××日汇总过入”，如“01-15 日汇总过入”。

4.6.5 登记总账的借方金额和贷方金额

借方和贷方金额栏，按记账凭证或科目汇总表上与总账科目相关的借、贷方向与金额填写，两者的借、贷方向与金额一致。金额写到角分，无角分的，角位和分位写“00”。

4.6.6 确定总账的余额方向及金额

根据业务要求计算并确定总账的余额方向，在“借或贷”栏中填写借或贷，并填写余额。余额的金额写到角分，无角分的，角位和分位写“00”。

4.7 期末对账

4.7.1 账证核对

核对会计账簿记录与原始凭证、记账凭证的时间、凭证字号、内容、金额是否一致，记账方向是否相符。

4.7.2 账账核对

核对不同会计账簿之间的账簿记录是否相符，包括：总分类账各账户本期借方发生额合计数与贷方发生额合计数，期末借方余额合计数与贷方余额合计数核对；总分类账各账户余额与其所属明细分类账各账户余额合计数核对；现金日记账和银行存款日记账余额与总分类账各该账户余额核对；会计部门有关财产物资的明细分类账余额应该同财产物资保管或使用部门的登记簿所记录的内容相互核对。

4.7.3 账实核对

核对会计账簿记录与财产等实有数额是否相符。具体包括：现金日记账账面余额与现金实际库存数核对；银行存款日记账账面余额定期与银行对账单核对；各种财产物资明细账账面余额与财产物资实存数额核对；各种应收、应付款明细账账面余额与有关债务、债权单位或者个人核对等。

所有对账完成后，在账簿相应位置打钩"√"。

4.8 错账更正

4.8.1 选择和运用划线更正法

划线更正法又称画线更正法。在结账前发现账簿记录有文字或数字错误，而记账凭证没有错误，采用划线更正法。

在错误的文字或数字上划一条红线，在红线的上方填写正确的文字或数字，并由记账及相关人员在更正处盖章。

【例一】 记账凭证无误，而在账簿记录中将"2 000.00"元误记为

“2 500.00”元，造成账上的数字错误，会计人员王顺采用划线更正法。

【例二】 记账凭证无误，而在账簿记录中将“领用 A 材料”误记为“领用 B 材料”，造成账上的文字错误，会计人员王顺采用划线更正法。

错误的数字，应全部划红线更正，不得只更正其中的错误数字，如图 4.8.1.1 所示。对于文字错误，可只划去错误的部分，如图 4.8.1.2 所示。

原材料 明细账

类别：A产品材料　　　　　　　　　　　　　　总页 1　　页分页 1　　页

名称：A材料　　　　　　存放地点：A仓库　　　　最高储量：

编号：001　　规格：　　计量单位：千克　　　　最低储量：

2016年 月	日	凭证编号	摘要	收入 数量	收入 单价	收入 金额	发出 数量	发出 单价	发出 金额	结存 数量	结存 单价	结存 金额	稽核
01	01		上年结转							500	5.00	250000	√
01	10	领料1	领用A材料				100	5.00	50000	400	5.00	200000 ~~250000~~ 王顺	√

图 4.8.1.1　划线更正法(数字错误)

原材料 明细账

类别：A产品材料　　　　　　　　　　　　　　总页 1　　页分页 1　　页

名称：A材料　　　　　　存放地点：A仓库　　　　最高储量：

编号：001　　规格：　　计量单位：千克　　　　最低储量：

2016年 月	日	凭证编号	摘要	收入 数量	收入 单价	收入 金额	发出 数量	发出 单价	发出 金额	结存 数量	结存 单价	结存 金额	稽核
01	01		上年结转							500	5.00	250000	√
01	10	领料1	王顺 A材料 领用~~B材料~~				100	5.00	50000	400	5.00	200000	√

图 4.8.1.2　划线更正法(文字错误)

4.8.2 选择和运用红字更正法

红字更正法是指用红字冲销原有错误的账户记录或凭证记录，以更正或调整账簿记录的一种方法。红字记账凭证的填制中，只有数字金额用红字，其他项目均为蓝字。

(1) 记账后在当年内发现记账凭证所记的会计科目错误，从而引起记账错误，更正时用红字填写一张与原记账凭证完全相同的记账凭证，以示注销原记账凭证，然后用蓝字填写一张正确的记账凭证，并据以记账。

【例三】 记字第 11 号凭证将应记入"库存现金"科目的借方发生额误记入"银行存款"科目，将应记入"银行存款"科目的贷方发生额误记入"库存现金"科目，并已经据以登记入账，造成银行存款与现金的日记账记录错误。会计人员王顺采用红字更正法，如图 4.8.2.1 $\frac{1}{4}$所示。

记 账 凭 证

记 字第 12 号

2016 年 01 月 09 日　　附件 1 张

摘要	总账科目	明细科目	借方金额（亿千百十万千百十元角分）	记账符号	贷方金额（亿千百十万千百十元角分）	记账符号
冲销01月09日记字第11号错误凭证	银行存款		300000	☑		☐
冲销01月09日记字第11号错误凭证	库存现金			☐	300000	☑
				☐		☐
				☐		☐
				☐		☐
结算方式及票号:		合 计	¥300000	☑	¥300000	☑

科兴财会

会计主管：方静　记账：于娟　复核：于娟　制证：王顺

图 4.8.2.1 $\frac{1}{4}$ 红字更正法[例一]冲销错误凭证

(2) 记账后在当年内发现记账凭证所记的会计科目无误而所记金额大于应记金额，从而引起记账错误，更正时按多记的金额用红字编制一张与原记账凭证应借、应贷科目完全相同的记账凭证，以冲销多记的金额，并据以记账，如图 4.8.2.1 $\frac{2}{4}$、图 4.8.2.1 $\frac{3}{4}$和图 4.8.2.1 $\frac{4}{4}$所示。

记 账 凭 证

记 字第 13 号

2016 年 01 月 09 日　　附件 1 张

摘 要	总账科目	明细科目	借方金额	记账符号	贷方金额	记账符号
更正01月09日记字第11号错误凭证	库存现金		300000	☑		☐
更正01月09日记字第11号错误凭证	银行存款			☐	300000	☑
				☐		☐
				☐		☐
				☐		☐
结算方式及票号:		合 计	¥300000	☑	¥300000	☑

科兴财会

会计主管: 方静　　记账: 于娟　　复核: 于娟　　制证: 王顺

图 4.8.2.1 $\frac{2}{4}$ 红字更正法[例三]重制正确凭证

银行存款日记账

2016年 月	日	凭证编号	摘要	结算方式 种类	号码	对方科目	收入(借方)	√	支出(贷方)	√	余额	√
01	01		上年结转					☐		☐	10000000	☐
01	09	记11	提取备用金	现支	6807	库存现金	300000	☐		☐	10300000	☐
01	09	记12	冲销01月09日记字第11号错误凭证	现支	6807	库存现金	300000	☐		☐	10000000	☐
01	09	记13	更正01月09日记字第11号错误凭证	现支	6807	库存现金		☐	300000	☐	9700000	☐
								☐		☐		☐
								☐		☐		☐
								☐		☐		☐

图 4.8.2.1 $\frac{3}{4}$ 红字更正法[例三]更正银行存款日记账

现金日记账

2016年 月	日	凭证编号	摘要	对方科目	收入（借方）	√	支出（贷方）	√	余额	√
01	01		上年结转			☐		☐	500000	☐
01	09	记11	提取备用金	银行存款		☐	300000	☐	200000	☐
01	09	记12	冲销01月09日记字第11号错误凭证	银行存款		☐	300000	☐	500000	☐
01	09	记13	更正01月09日记字第11号错误凭证	银行存款	300000	☐		☐	800000	☐
						☐		☐		☐
						☐		☐		☐

图 4.8.2.1 $\frac{4}{4}$ 红字更正法[例三]更正现金日记账

【例四】 记账后核对时发现原记账凭证上记载的金额 3 000 元大于经济业务的实际金额 300 元，造成银行存款与现金的日记账记录错误。会计人员采用红字更正法，如图 4.8.2.2 $\frac{1}{3}$、图 4.8.2.2 $\frac{2}{3}$和图 4.8.2.2 $\frac{3}{3}$所示。

记 账 凭 证

记 字第 12 号

2016 年 01 月 09 日　　附件 1 张

摘要	总账科目	明细科目	借方金额	记账符号	贷方金额	记账符号
冲销01月09日记字第11号凭证多记金额	银行存款		270000	☑		☐
冲销01月09日记字第11号凭证多记金额	库存现金			☐	270000	☑
				☐		☐
				☐		☐
				☐		☐
结算方式及票号:		合计	¥270000	☑	¥270000	☑

科兴财会

会计主管: 方静　记账: 于娟　复核: 于娟　制证: 王顺

图 4.8.2.2 $\frac{1}{3}$ 红字更正法[例四]冲销多记金额

银行存款日记账

2016年 月	日	凭证编号	摘要	结算方式 种类	号码	对方科目	收入(借方) 千百十万千百十元角分	√	支出(贷方) 千百十万千百十元角分	√	余额 千百十万千百十元角分	√
01	01		上年结转					□		□	10000000	□
01	09	记11	现金缴存银行	现存	557	库存现金	300000	□		□	10300000	□
01	09	记12	冲销01月09日记字第11号凭证多记金额	现存	557	库存现金	270000	□		□	10030000	□
								□		□		□
								□		□		□
								□		□		□
								□		□		□

图 4.8.2.2 $\frac{2}{3}$ 红字更正法[例四]更正银行存款日记账

现金日记账

2016年 月	日	凭证编号	摘要	对方科目	收入(借方) 百十万千百十元角分	√	支出(贷方) 百十万千百十元角分	√	余额 百十万千百十元角分	√
01	01		上年结转			□		□	500000	□
01	09	记11	现金缴存银行	银行存款		□	300000	□	200000	□
01	09	记12	冲销01月09日记字第11号凭证多记金额	银行存款		□	270000	□	470000	□
						□		□		□
						□		□		□
						□		□		□

图 4.8.2.2 $\frac{3}{3}$ 红字更正法[例四]更正现金日记账

4.8.3 选择和运用补充登记法

补充登记法是在记账后发现记账凭证填写的会计科目无误，只是所记金额小于应记金额时采用的一种更正方法。

更正时按少记的金额用蓝字编制一张与原记账凭证应借、应贷科目完全相同的记账凭证，以补充少记的金额，并据以记账。

【例五】 记账后核对时发现原记账凭证上记载的金额 3 000 元小于经济业务的实际金额 3300 元，造成账簿记录中金额错误。会计人员采用补充登记法，如图 4.8.3 $\frac{1}{3}$、图 4.8.3 $\frac{2}{3}$和图 4.8.3 $\frac{3}{3}$所示。

记 账 凭 证

记 字第 12 号

2016 年 01 月 09 日　　附件 1 张

科兴财会

摘要	总账科目	明细科目	借方金额	记账符号	贷方金额	记账符号
补充01月09日记字第11号凭证多记金额	银行存款		30000	☑		☐
补充01月09日记字第11号凭证多记金额	库存现金			☐	30000	☑
				☐		☐
				☐		☐
				☐		☐
结算方式及票号:		合 计	¥30000	☑	¥30000	☑

会计主管：方静　　记账：于娟　　复核：于娟　　制证：王顺

图 4.8.3 $\frac{1}{3}$ 补充登记法—补充少记金额

银行存款日记账

2016年 月	日	凭证编号	摘要	结算方式 种类	号码	对方科目	收入(借方)	√	支出(贷方)	√	余额	√
01	01		上年结转					☐		☐	10000000	☐
01	09	记11	现金缴存银行	现存	6987	库存现金	300000	☐		☐	10300000	☐
01	09	记12	补充01月09日记字第11号凭证少记金额	现存	6987	库存现金	30000	☐		☐	10330000	☐
								☐		☐		☐
								☐		☐		☐
								☐		☐		☐
								☐		☐		☐

图 4.8.3 $\frac{2}{3}$ 补充登记法—更正银行存款日记账

现金日记账

2016年 月	日	凭证编号	摘要	对方科目	收入(借方) 百十万千百十元角分	✓	支出(贷方) 百十万千百十元角分	✓	余额 百十万千百十元角分	✓
01	01		上年结转			☐		☐	500000	☐
01	09	记11	现金缴存银行	银行存款		☐	300000	☐	200000	☐
01	09	记12	补充01月09日记字第11号凭证少记金额	银行存款		☐	30000	☐	170000	☐
						☐		☐		☐
						☐		☐		☐

图 4.8.3 $\frac{3}{3}$ 补充登记法—更正现金日记账

4.9 期末结账

4.9.1 月度结账

日期:以阿拉伯数字填写,如 1 月底的月结日期为“01 月 31 日”。

摘要:本月合计。

计算借方发生额合计、贷方发生额合计、结余数额,并完成划线处理:在最后一笔经济业务的记载下面画一条通栏红线,在红线下面的一行“摘要”栏内注明“本月合计”,在“借方”“贷方”和“余额”三栏分别计算出本月借方发生额合计、贷方发生额合计和结余数额,然后在此行下面再画一条通栏红线,表明本期结算完毕,如图 4.1.1、图 4.1.2、图 4.2.1、图 4.4.1、图 4.4.2、图 4.6.1 和图 4.6.2 所示。

对于不需按月结计本期发生额的账户,如各项应收应付款明细账和部分财产物资明细账,只需要在最后一笔经济业务记录下画一条通栏红线,如图 4.2.2 所示。

生产成本明细账，先计算填写“月生产成本合计”，在此行下面画一条通栏红线，然后再登记“结转完工产品成本”的记账凭证内容，在此行下面再画一条通栏红线，最后计算填写“月末在产品成本”，完成月结，如图 4.3.1 所示。

各项费用收入等损益类账户的明细账，无期初余额，也无期末余额，只需要在最后一笔“结转本期损益”的记录下画一条通栏红线，如图 4.3.2 和图 4.3.3 所示。

本年利润明细账，无期初余额，有期末余额，结账时在最后一笔记录下画一条通栏红线，在红线下面的一行“摘要”栏内注明“本月合计”，在“借方”“贷方”和“余额”三栏分别计算出本月借方发生额合计、贷方发生额合计和结余数额，然后在此行下面再画一条通栏红线，表明本期结算完毕，如图 4.3.4 所示。

4.9.2 季度结账

日期：以阿拉伯数字填写，如第一季度末的季结日期为“3 月 31 日”，第二季度末的季结日期为“6 月 30 日”，第三季度末的季结日期为“9 月 30 日”，第四季度末的季结日期为“12 月 31 日”。

摘要：本季合计。

计算借方发生额合计、贷方发生额合计、结余数额，并完成划线处理：在每季度最后一个月的月度结账的下一行“摘要”栏内注明“本季合计”，在“借方”“贷方”和“余额”三栏分别计算出本季度三个月的借方、贷方发生额合计数及季末余额，然后在此行下面画一条红线，表示季度结账完毕，如图 4.9 所示。

4.9.3 年度结账

日期：以阿拉伯数字填写，年结日期为“12 月 31 日”。

摘要：本年累计。

计算借方发生额合计、贷方发生额合计和结余数额，并完成划线处理：

在本年最后一个季度的季度结账的下一行“摘要”栏内注明“本年累计”，在“借方”“贷方”和“余额”三栏内分别填入本年度的借方发生额合计、贷方发生额合计和年末余额，然后在此行下面画两条通栏红线，表示全年经济业务的登账工作至此全部结束，如图 4.9 所示。

银行存款日记账

2016年 月	日	凭证编号	摘要	结算方式 种类	号码	对方科目	收入（借方）千百十万千百十元角分	√	支出（贷方）千百十万千百十元角分	√	余额 千百十万千百十元角分	√
01	01		上年结转					☐		☐	85000000	☑
01	05	银收1	借款收回	转支	3531	其他应收款	5000000	☑		☐	90000000	☑
01	08	银付1	发工资	现支	0309	应付职工薪酬		☐	3300000	☑	86700000	☑
01	10	银收2	收到货款	转支	6011	应收账款	800000	☑		☐	87500000	☑
01	15	银付2	支付运费	转支	1597	销售费用		☐	1180000	☑	86320000	☑
01	31		本月合计				5800000	☑	4480000	☑	86320000	☑
02	06	银收1	收到货款	转支	0055	应收账款	3000000	☑		☐	89320000	☑
02	15	银付1	支付材料费	转支	7536	应付账款		☐	6000000	☑	83320000	☑
02	29		本月合计				3000000	☑	6000000	☑	83320000	☑
03	01	银付1	支付材料费	转支	7541	应付账款		☐	6000000	☑	77320000	☑
03	20	银收1	收到货款	转支	5584	应收账款	10000000	☑		☐	87320000	☑
03	31		本月合计				10000000	☑	6000000	☑	87320000	☑
03	31		本季合计				18800000	☑	16480000	☑	87320000	☑
			(略)					☑		☑		☑
			(略)					☑		☑		☑
			(略)					☑		☑		☑
12	31		本月合计				15800000	☑	8000000	☑	138000000	☑
12	31		本季合计				80550000	☑	10800000	☑	138000000	☑
12	31		本年累计				120800000	☑	67800000	☑	138000000	☑
								☐		☐		☐

图 4.9　期末结账

结账出现余额为 0 时，在余额栏“元”位填写“θ”字符，有“借或贷”栏的，在此栏填写“平”。

5

编制财务报表

5.1　编制资产负债表

资产负债表格式如图 5.1 所示。

资产负债表

纳税人识别号：330185101300909　　税款所属期：2016年01月01日至2016年01月31日　　会企02表

编制单位（章）：浙江衡信教育科技有限公司　　填表日期：2016年02月10日　　单位：元

资产	行次	期末余额	年初余额	负债和所有者权益（或股东权益）	行次	期末余额	年初余额
流动资产：	1			流动负债：	35		
货币资金	2	368 700.00	20 5000.00	短期借款	36	200 000.00	2 000.00
以公允价值计量且其变动计入当期损益的金融资产	3			以公允价值计量且其变动计入当期损益的金融负债	37		
应收票据	4		4 000.00	应付票据	38		
应收账款	5	156 000.00	10 000.00	应付账款	39	82 000.00	
预付款项	6	60 000.00		预收账款	40		
应收利息	7			应付职工薪酬	41	24 500.00	
应收股利	8			应交税费	42	28 000.00	500.00
其他应收款	9		500.00	应付利息	43		
存货	10	432 050.00	178 959.35	应付股利	44		
划分为持有待售的资产	11			其他应付款	45	5 000.00	
一年内到期的非流动资产	12			划分为持有待售的负债	46		
其他流动资产	13			一年内到期的非流动负债	47		
流动资产合计	14	1 016 750.00	398 459.35	其他流动负债	48		
非流动资产：	15			流动负债合计	49	339 500.00	2 500.00
可供出售金融资产	16			非流动负债：	50		
持有至到期投资	17			长期借款	51		5 000.00
长期应收款	18			应付债券	52		
长期股权投资	19			长期应付款	53		
投资性房地产	20			专项应付款	54		
固定资产	21	257 650.00	110 000.00	预计负债	55		
在建工程	22			递延收益	56		
工程物资	23			递延所得税负债	57		
固定资产清理	24			其他非流动负债	58		
生产性生物资产	25			非流动负债合计	59		5 000.00
油气资产	26			负债合计	60	339 500.00	7 500.00
无形资产	27	160 000.00	4 000.00	所有者权益（或股东权益）：	61		
开发支出	28			实收资本（或股本）	62	660 500.00	500 000.00
商誉	29			资本公积	63		
长摊待摊费用	30			减：库存股	64		
递延所得税资产	31			其他综合收益	65		
其他非流动资产	32			盈余公积	66	30 980.55	
非流动资产合计	33	417 650.00	114 900.00	未分配利润	67	403 419.45	4 959.35
资产总计	34	1 434 400.00	512 459.35	所有者权益（或股东权益）合计	68	1 094 900.00	504 959.35
				负债和所有者权益(或股东权益)总计	69	1 434 400.00	512 459.35

单位负责人：高衡　　会计工作负责人：沈霞　　制表人：赵燕

图 5.1　资产负债表

5.1.1 填写资产负债表的表头

表头信息，如纳税人识别号、编制单位名称、税款所属期、填表日期等，根据业务据实填写。如纳税人识别号填写税务登记证上的税号，如“330195101330909”；编制单位名称填写编制单位公章上的全称，如“浙江衡信教育科技有限公司”，而“浙江衡信”“衡信教育”等简写形式都不正确；税款所属期的填写格式为××××年××月××日至××××年××月××日，如“2016年01月01日至2016年01月31日”；填表日期的填写格式为××××年××月××日，如“2016年02月10日”。

5.1.2 资产类主要项目年初数与期末数的填列

“年初数”各项目的数字，根据上年年末（12月31日）资产负债表的“期末余额”填列。

“期末数”各项目的数字填列如下：

（1）“货币资金”项目，根据“库存现金”“银行存款”和“其他货币资金”科目期末余额的合计数填列。

（2）“应收账款”项目，根据“应收账款”和“预收账款”科目所属各明细科目的期末借方余额合计数，减去“坏账准备”科目中有关应收账款计提的坏账准备期末余额后的净额填列。如“应收账款”科目所属明细科目期末有贷方余额的，应在资产负债表“预收款项”项目内填列。

（3）“其他应收款”项目，根据“其他应收款”科目的期末余额，减去“坏账准备”科目中有关其他应收款计提的坏账准备期末余额后的净额填列。

（4）“存货”项目，根据“材料采购”“原材料”“低值易耗品”“库存商品”“周转材料”“委托加工物资”“委托代销商品”“生产成本”等科目的期末余额合计数，减去“代销商品款”和“存货跌价准备”科目期末余额后的净额填列。材料采用计划成本核算，以及库存商品采用计划成本核算或售价核算的企业，还应按加或减材料成本差异、商品进销差价后的金额填列。

（5）“长期股权投资”项目，根据“长期股权投资”科目的期末余额，减去

“长期股权投资减值准备”科目的期末余额后的净额填列。

（6）“固定资产”项目，根据“固定资产”科目的期末余额，减去“累计折旧”和“固定资产减值准备”科目期末余额后的净额填列。

（7）“在建工程”项目，根据“在建工程”科目的期末余额，减去“在建工程减值准备”科目期末余额后的净额填列。

（8）“无形资产”项目，根据“无形资产”科目的期末余额，减去“累计摊销”和“无形资产减值准备”科目期末余额后的净额填列。

5.1.3 负债类主要项目年初数与期末数的填列

“年初数”各项目的数字，根据上年年末（12 月 31 日）资产负债表的“期末余额”填列。

“期末数”各项目的数字填列如下：

（1）“短期借款”项目，根据“短期借款”科目的期末贷方余额填列。

（2）“应付票据”项目，根据“应付票据”科目的期末贷方余额填列。

（3）“应付账款”项目，根据“应付账款”和“预付账款”科目所属各明细科目的期末贷方余额合计填列。如“应付账款”科目所属明细科目期末有借方余额，应在资产负债表“预付款项”项目内填列。

（4）“应付职工薪酬”项目，根据“应付职工薪酬”科目的期末贷方余额填列，如“应付职工薪酬”科目期末为借方余额，以“－”号填列。

（5）“应交税费”项目，根据“应交税费”科目的期末贷方余额填列；如“应交税费”科目期末为借方余额，以“－”号填列。

（6）“应付股利”项目，根据“应付股利”科目的期末余额填列，不包括企业分派的股票股利。

（7）“其他应付款”项目，根据“其他应付款”科目的期末余额填列。

（8）“长期借款”项目，根据“长期借款”科目的期末余额减去 1 年内到期部分的净额填列。

（9）“应付债券”项目，根据“应付债券”科目期末贷方余额减去 1 年内到期部分的净额填列。

5.1.4 所有者权益类主要项目年初数与期末数的填列

“年初数”各项目的数字，根据上年年末（12 月 31 日）资产负债表的“期末余额”填列。

“期末数”各项目的数字填列如下：

（1）“实收资本（股本）”项目，根据“股本（实收资本）”科目的期末贷方余额填列。

（2）“资本公积”项目，根据“资本公积”科目的期末贷方余额填列。

（3）“盈余公积”项目，根据“盈余公积”科目的期末贷方余额填列。

（4）“未分配利润”项目，根据“本年利润”科目和“利润分配”科目的期末余额计算填列，如为未弥补的亏损，在本项目内以“－”号填列。

5.1.5 资产负债表的签名盖章

单位负责人、会计工作负责人、制表人须签名或盖章，并在报表指定位置加盖单位公章。

5.2 编制利润表

利润表的格式如图 5.2 所示。

5.2.1 填写利润表的表头

表头信息，如纳税人识别号、编制单位名称、税款所属期、填表日期等，根据业务据实填写。如纳税人识别号填写税务登记证上的税号，如“330195101330909”；编制单位名称填写编制单位公章上的全称，如“浙江衡信教育科技有限公司”，而“浙江衡信”“衡信教育”等简写形式都不正确；税

利 润 表

纳税人识别号：330195101330909　　税款所属期：2016年02月01日至2016年02月29日　　会企02表

编制单位（章）：浙江衡信教育科技有限公司　　填表日期：2016年03月05日　　单位：元

项　　目	行次	本期金额	上期金额
一、营业收入	1	1 400 000.00	3 015 000.00
减：营业成本	2	700 000.00	545 000.00
营业税金及附加	3	34 000.00	23 850.00
销售费用	4	360 000.00	450 000.00
管理费用	5	420 000.00	550 000.00
财务费用	6	6 000.00	4 000.00
资产减值损失	7		
加：公允价值变动净收益（损失以“—”号填列）	8		
其中：非流动资产处置利得	9		
投资收益（损失以“—”号填列）	10	420 000.00	80 000.00
其中：对联营企业和合营企业的投资收益	11		
二、营业利润（亏损以“—”号填列）	12	300 000.00	4 692 150.00
加：营业外收入	13	32 500.00	17 500.00
其中：非流动资产处置利得	14		
减：营业外支出	15	12 500.00	12 500.00
其中：非流动资产处置损失	16		
三、利润总额（亏损总额以“—”号填列）	17		
减：所得税费用	18	320 000.00	4 697 150.00
四、净利润（净亏损以“—”号填列）	19	80 000.00	1 174 284.50
五、其他综合收益的税后净额	20	240 000.00	3 525 862.50
六、综合收益总额	21		
七、每股收益	22		
（一）基本每股收益	23		
（二）稀释每股收益	24		

单位负责人：高衡　　会计工作负责人：沈霞　　制表人：赵燕

图 5.2　利润表

款所属期的填写格式为××××年××月××日至××××年××月××日，如“2016 年 02 月 01 日至 2016 年 02 月 29 日”；填表日期的填写格式为××××年××月××日，如“2016 年 03 月 05 日”。

5.2.2　填写利润表主要项目本期金额及上期金额

利润表有两个栏目，即“本期金额”和“上期金额”，其中：

(1)“营业收入”项目,根据“主营业务收入”和“其他业务收入”科目的发生额分析填列。

(2)“营业成本”项目,根据“主营业务成本”和“其他业务成本”科目的发生额分析填列。

(3)“营业税金及附加”项目,根据“营业税金及附加”科目的发生额分析填列。

(4)“销售费用”项目,根据“销售费用”科目的发生额分析填列。

(5)“管理费用”项目,根据“管理费用”科目的发生额分析填列。

(6)“财务费用”项目,根据“财务费用”科目的发生额分析填列。

(7)“投资收益”项目,根据“投资收益”科目的发生额分析填列。如为投资损失,本项目用“－”号填列。

(8)“营业利润”项目,根据“营业利润＝营业收入－营业成本－营业税金及附加－销售费用－管理费用－财务费用＋投资收益”计算填列。如为亏损,本项目以“－”号填列。

(9)“营业外收入”项目,根据“营业外收入”科目的发生额分析填列。

(10)“营业外支出”项目,根据“营业外支出”科目的发生额分析填列。

(11)“利润总额”项目,根据“利润总额＝营业利润＋营业外收入－营业外支出”计算填列。如为亏损,本项目以“－”号填列。

(12)“所得税费用”项目,根据“所得税费用”科目的发生额分析填列。

(13)“净利润”项目,根据“净利润＝利润总额－所得税费用”计算填列。如为亏损,本项目以“－”号填列。

5.2.3　利润表的签名盖章

单位负责人、会计工作负责人、制表人须签名或盖章,并在报表指定位置加盖单位公章。